在防止自殺的領域中，我們深知每一個生命都值得被傾聽、被理解、被珍惜。這本書提醒我們，專業知識與科學研究固然重要，但真正能帶來改變的，往往是那份真誠的陪伴與無條件的接納。五位作者以他們的實踐與反思，為我們展示了如何在這條艱難的道路上，成為個案生命中的一盞明燈。

我誠摯地推薦這本書給所有關心防止自殺議題的讀者，無論你是專業人士、教育工作者，還是正在尋找答案的個人。這本書將帶給你深刻的啟發，並讓你感受到，在輔導室中，每一句話、每一個眼神，都可能成為改變生命的契機。

願這本書能成為更多人的指南與陪伴，讓我們一起為生命的價值與意義而努力。

黃蔚澄教授
認可名冊臨床心理學家
香港大學社會科學院
社會工作及社會行政學系副教授
社會科學院碩士（輔導）課程總監

推薦序二

在當今社會，自殺與自傷的議題日益受到關注，特別是在面臨各種壓力的青少年和成年人中。這些議題不僅影響個體的心理健康，也對家庭、學校和社會造成深遠的影響。本書《一念間》以輔導心理學家的視角，帶出重要的訊息，行到水窮處，可以是窮途沒路走，也可以是坐看雲起時；一念愚即末路，一念智即生天；一生一死，介乎一念之間。

本書有兩大特點，第一，涵集不同社會議題，人生困境，案主形聲，躍然紙上，析以理論，有憑有據。透過多樣化的個案敘述，讀者將能夠更深入地理解這些生命掙扎的根源與複雜性，並感受到每一個生命背後的故事與情感。其次，行文分析不以案主為限，其中強調輔導心理學家在這些個案中扮演的角色和專業反思。他們不僅是聆聽者，更是引導者，透過專業的技巧與豐富的同理心，幫助受輔導者找到希望的曙光。在輔導過程中，輔導員與受輔導者是一個心理治療過程的互動，也是生命的接觸。

這本書能向讀者傳遞一個正面而強烈的訊息：即使在困惑的時刻，一念一言，即可啟智開悟，透過調整思維和重塑情感，仍然可以改變生命的軌跡，找到生命的新方向和新意義。這個重要的訊息滲透在不同案主的故事之中，闡述他們在面臨重重壓力時，曾經對人生充滿懷疑，甚至考慮放棄生命。就是與輔導心理學家的對話，讓他們重新看到了生命的價值。使他們從一個感到孤獨無助的心理狀態，逐漸學會重拾勇氣面對人生的挑戰。這樣的轉變不僅改變了他自己，也深深影響了周圍的人，讓他們重新思考生命的意義與價值。這正是本書所希望展現的力量：每一個生命都是獨特的，每一次真誠的對話都能開啟新的可能，點亮希望的火花。

希望《一念間》能成為讀者心靈的指南，幫助他們在困境中找到希望與勇氣，無論是年輕人、家長、教師、社工，還是心理學家，皆能從中獲得啟發和力量。這本書不僅是對生命的思考，更是對苦困迷惑的探索，讓我們一起攜手，面對生命中的挑戰，創造更多的可能性與希望。

許明得教授
香港樹仁大學輔導及心理學系

推薦序三

學生自殺與精神健康問題，近年備受社會及教育界關注。透過心理輔導，有助改善學生的情緒、行為問題，提升他們的自信心，從而接納自我。

從教育前線的經驗，我們不難發現，許多同學的心理困擾，往往與他們的認知、信念有關，或在成長中遇到傷害或挫敗，如未能及時解開心結，對於他們社交、學習生活，以至日後投身職場，都會造成負面影響。

學生需要專業的心理輔導人員，以有效的方式，引導他們察覺及釐清問題，再選擇應對方式，一念之間，人生就有截然不同的改變。《一念間》以輔導心理學家的視角，訴說十個心理輔導個案故事，讓大家看到輔導過程，亦提供助人自助，提升心理健康的秘訣，值得推薦！

我認為把專業的心理輔導人員，納入學校編制，是促進學生精神健康、預防自殺的有效措施；期望《一念間》成書，能夠喚起公眾對輔導專業的認同與肯定，帶領有需要的朋友走出情緒低谷，懷着感恩的心，奔向未來。

朱國強議員

香港特別行政區立法會議員（教育界）

推薦序四

輔導經驗是極其重要的，特別是香港本土的個案經驗。《一念間》建基於五位註冊輔導心理學家在香港的真實輔導實踐，對大眾認知和處理自殺危機問題，都有很大的參考價值。

本書結合理論與介入手法，是專業及務實的參考書。對從事輔導行業的同工具有重要參考價值；對一般市民而言，亦能產生自我反思，關注自己的精神健康，並對身邊人給予更中肯的意見和支持。

書中的理論分享，能夠幫助讀者深化自我認知；透過呈現當事人從絕望走向希望的真實轉化過程，讓讀者看見每個人內在都擁有克服困難的力量，從而達到充權的效果；在危機處理方面提供實用策略；同時提升意識覺察。這些理論應用最終為讀者提供更積極性的建議。

正如「無處不輔導」的理念，輔導並非僅限於專業設定，而是可以在日常生活發揮作用。這本書將香港本土輔導經驗與專業理論相結合，既服務專業工作者的實務需要，也為一般大眾提供理解和應對精神健康挑戰的實用指引。

狄志遠議員，S.B.S., J.P.
香港特別行政區立法會議員（社會福利界）

作者簡介
（按英文姓氏首字母順序排列）

方婷 Jasmin Fong

香港心理學會註冊輔導心理學家（RCoP, HKPS）、副院士（AFHKPS）、社會企業研究院準院士（ASERA）、香港心理衛生會精神健康急救（MHFA）導師。

樂融整合心理治療中心的創辦人，擁有豐富的學術背景和多領域的專業知識。她的碩士學位分別來自香港大學（HKU）的佛法輔導、香港樹仁大學（HKSYU）的輔導心理學系、悉尼大學（USYD）的傳理系，以及凱拉尼亞大學（University of Kelaniya）的佛學。另擁有電影系、高級中國文化研究和心理系的學士學位，並累積了超過 14 年的大專及大學教育經驗。方小姐在香港及台灣出版了 15 本心理及教育相關的著作，並曾獲得香港出版雙年獎及香港金閱獎。她的著作廣泛應用於心理學教育和臨床實踐中，為學術界和實踐領域提供了寶貴的資源。

黃麒錄 Louis Huang

香港心理學會註冊輔導心理學家（RCoP, HKPS）、副院士（AFHKPS）、英國心理學會特許心理學家（CPsychol）、副院士（AFBPsS）、亞洲專業輔導及心理協

會註冊輔導員（Reg. Coun, APCPA）

現為香港心理學會輔導心理學部榮譽外務秘書，以及香港專業家庭教育協會（會員及專業標準委員會）副主席。投身學校及社區精神健康推廣工作逾十年，現於本地大學從事教研工作，專注自殺預防、親子情緒啟導及正向心理教育。擁有國際認可的 LivingWorks ASIST 自殺危機介入訓練課程認證，並為多個國際知名家長課程及 SEN 情緒社交訓練的認證導師，致力將心理學知識帶進社區，成為支持每個生命的希望力量。

郭倩衡 Helen Kwok

香港心理學會註冊輔導心理學家（RCoP, HKPS）、院士（FHKPS）、亞洲專業輔導及心理協會註冊臨床督導（Reg. Clin. Sup, APCPA）、註冊輔導員（Reg. Coun, APCPA）

現任香港樹仁大學顧鐵華費肇芬伉儷跨學科循證實踐及研究中心助理總監，為本港首批經由本地大學培訓之輔導心理學家，香港心理學會輔導心理學部前任主席(2018-2022)及亞洲專業輔導及心理協會現任副主席。多年來致力以貼地、簡潔、去病化及有趣的語言，與市民大眾分享心理健康資訊，讓每個人都能明白自己的身心需要，好好學習情緒，好好處理心情。

黃家盈 Shirley Wong

香港心理學會註冊輔導心理學家（RCoP, HKPS）、亞洲專業輔導及心理協會註冊臨床督導（Reg. Clin. Sup, APCPA）、註冊輔導員（Reg. Coun, APCPA）

現為香港心理學會註冊委員會成員，亦是亞洲專業輔導及心理協會註冊臨床督導及委員之一。從事心理輔導十多年，以臨床經驗與科研成果化成生活化故事，摒棄艱深術語，以精煉易明的方式講解情緒、依附與身心互動，陪伴兒童、家長及專業同儕拆解內在困惑、培養韌力，活出更自在而有意義的人生。

余鎮洋 Isaac Yu

香港心理學會註冊輔導心理學家（RCoP, HKPS）、院士（FHKPS）、英國心理學會特許心理學家（CPsychol）、英國輔導及心理治療協會註冊會員（MBACP）、亞洲專業輔導及心理協會註冊臨床督導（Reg. Clin. Sup, APCPA）、註冊輔導員（Reg. Coun, APCPA）

現為亞洲專業輔導及心理協會主席、香港樹仁大學顧鐵華費肇芬伉儷跨學科循證實踐及研究中心助理總監、香港心理學會註冊委員會成員。具十多年心理輔導經驗，現於本地大學從事教學、研究與實務工作。專長循證實踐、優勢為本及心理動力取向輔導，重視治療關係中的互動歷程與潛意識覺察，協助個案面對各階段的情緒與生涯挑戰，促進內在成長。余先生亦曾參與出版四本心理學自助書，致力推動心理健康的普及與本地化發展。

目錄

推薦序一：黃蔚澄教授 002

推薦序二：許明得教授 004

推薦序三：朱國強議員 006

推薦序四：狄志遠議員 008

作者簡介 010

第一章：關於一念間

本書的背景和現況 018

第二章：起死回生：個案分享

一 . 多重悲痛生不如死 024

二 . 不想成為邊緣人 038

三 . 我不是「怪物」 058

四 . 我無法被愛嗎？ 080

五 . 移民的抉擇：絕處也可逢生 096

六 . 被遺忘的付出：誰來照顧照顧者 112

七 . 無聲的痛苦：15 歲男孩的獨白 132

八 . 媽媽，看見我好嗎？ 156

九 . 網絡詐騙後的身心崩潰 174

十 . 誰能聽見我的害怕？ 190

第三章：從絕望到希望：心理分析

一 . 遇上自傷與自殺的情況 212

二 . 自殺行為的心理學理論框架 230

三 . 自殺危機的多層影響因素 234

後記：五位輔導心理學家看自殺 272

本書作者名單 286

第一章

關於一念間

本書的背景和現況

「在那黑暗的深淵洞穴中，我拼命向上攀爬，身心俱疲，衣衫襤褸，早已被泥土與絕望所覆蓋。每當感到累得無法再支撐時，恐懼便如獰猛的野獸般撲來，放棄，是否會在這世上消失，存在的痕跡也隨之消散？在掙扎中又鼓起勇氣，艱難地再次向上攀爬。在反覆地想放棄，想堅持的拉鋸中……終於，抬頭在裂縫中，找到光的形狀。」

當一個人選擇結束生命，往往不是因為「不想活」，而是因為「活得太痛苦」。這種痛苦並非單純的情緒低落，而是一種靈魂的窒息與無望感，如同困於無光洞穴的囚徒，指尖在濕冷的深淵上徒勞地摸索，不知何時才能觸及那一線天光。「我已成累贅」、「沒甚麼值得堅持了」、「消失才是慈悲」——這些念頭交織成密不透風的羅網，將人困在絕望的繭中，直至相信死亡才是唯一的解脫。

世界衞生組織的數據如暮鼓晨鐘：全球每 40 秒，就有一個靈魂選擇永眠。在這科技昌明的時代，人類的物質生活日新月異，心靈的荒原卻日益擴張。香港 2023 年的統計更令人心驚——1,092 個消逝的生命，創下 10 年新高。其中，30 歲以下的青年自殺率連續 4 年攀升，15 歲以下的稚嫩生命亦未能倖免。政府數據顯示，2020

至 2024 年間共錄得學童自殺個案達 131 宗，其中中學生超過總個案數目達百分之九十（香港特別行政區政府，2025）。而長者的自殺比例更達四成四，每兩位半逝者中就有一位白髮蒼顏（撒瑪利亞防止自殺會，2023）。這般景象，不僅見於香港，鄰近的中國、台灣、南韓和日本等地亦同此涼熱。在這沒有硝煙的戰場上，多少生命仍在與內心的猛獸搏鬥，在希望與絕望的鋼索上搖搖欲墜，直至耗盡最後一絲氣力。

在心理輔導室裏，或許有無數自殺未遂者都說同一句話：「撐唔到了。」這些個案都曾竭力偽裝堅強，都渴望被理解卻又畏懼被看透，都因某個看似微小的導火索而瀕臨崩潰。法國哲學家卡繆在《薛西弗斯的神話》開篇寫道：「真正嚴肅的哲學問題只有一個，那就是自殺。判斷生命是否值得活，等於回答哲學的根本問題。」很多時，選擇結束生命，是對痛苦最激烈的反抗，只是這反抗的代價過於沉重。

《一念間》是一部深入探討自傷與自殺現象的心理學作品，以輔導心理學家的視角，以多個個案形式揭示了近年來高自殺率背後的心理和精神困擾，同時探索那個能將人從絕望邊緣拉回的「關鍵一念」。學術研究結果顯示，超過八成的自殺身亡個案都是有先兆的 (WHO, 2023)。通過細膩的案例呈現，讀者將見證生命既脆弱又堅韌的雙重特質，理解那些在痛苦中尋求解脫的心聲，探索何種支持能為這些瀕臨崩潰的靈魂注入力量。書中不僅揭示了導致自殺的複雜因素，還深入探討了希望的種子如何在絕望的土壤中生根發芽。只要大腦開始新的思考模式，舊的痛苦迴路就會逐漸弱化，改變，往往始於一念間。通過不同的故事，讓我們能有更高的敏感度識別身邊有危機的親友與及預防危機。無論是痛苦的自我反思，還是他人的關懷與支持，都是推動人們重新審視生命意義的關鍵。

輔導心理學家（Counselling Psychologist）既秉持科學實證的精神，又懷抱人文關懷的溫度，恪守專業理論框架，又尊重每個生命獨特的敘事，陪伴當事人穿越情緒迷霧，修補生命裂痕，在轉折處尋找新的可能。5 位作者以整體視角理解個案，既關注個案當下困境，更關注生命歷程中那些形塑此刻的紋理，尊重每個靈魂獨特的樣貌，相信每個人內心都蘊藏着未被覺察的力量。透過專業的引導，協助個案在生命的土壤中挖掘那些被遺忘的內在資源，培育面對逆境的心理韌性（Resilience），讓脆弱得以轉化為成長的養分。在每個故事後更有心理學家筆記和自助五部曲，協助讀者了解更多心理學概念和自助技巧。

本書並非對生命脆弱的哀嘆，而是對人性韌性的禮讚。「一念間」的轉念，往往就是希望的開始。讓我們，作為心理學家，願在深淵邊緣垂下堅實的繩索，讓在裏面的人借助繩索的力量，走出黑暗，找到光的形狀。

人間，終究值得。

參考文獻

World Health Organization. (2023). Suicide worldwide in 2023: *Global health estimates*. WHO Press.

香港特別行政區政府。(2025 年 6 月 11 日)。立法會三題：規管私營醫療機構 [新聞公報]。https://www.info.gov.hk/gia/general/202506/11/P2025061100302.htm

撒瑪利亞防止自殺會 (2023) . 撒瑪利亞防止自殺會 2023 年度報告。https://sbhk.org.hk/wp-content/uploads/2024/06/ESBHK2023_Annual-Report_low-res.pdf

(按：書按中所引用的案例故事，部分來源於作者的實際工作經驗與觀察，對所有可能識別個人身份的信息（包括但不限於姓名、年齡、職業、家庭背景、具體事件細節等）進行了匿名化處理和必要改編。案例旨在闡明觀點、引發思考，如有雷同，純屬巧合。分享這些案例的目的是為了促進專業交流與大眾對心理健康的理解，若讀者從中看到自身或他人的影子，也請理解其普遍性意義，切勿對號入座。)

第二章

起死回生：個案分享

這本書專注於自殺預防的主題和故事，部分內容可能會引發某些不適或情緒上的困擾。請您在閱讀時關懷自身的感受，並確保擁有適當的支持系統，以應對可能出現的情緒反應。期望這本書能為您帶來有益的資訊與啟發，書中有可聯絡的熱線與自助資源，若有需要，請立即尋求專業協助。

一、多重悲痛 生不如死

文——郭倩衡

「我有感這個世界突然之間全部門也關上，直至我收到丈夫的一封信，讓我有多了點勇氣走下去。」——Christy

Christy，36 歲，已婚，沒有子女，從事文員工作。在疫情期間，她在一天內失去了雙親，痛不欲生。在父母離世後 100 日的一個晚上，Christy 趁丈夫 Tom 不在家，服食大量藥物自殺，遺書也早已寫好。可幸的是，丈夫因會議取消提前回家，及時發現並將她送院，成功獲救。她甦醒後問丈夫：「為甚麼要把我救回？」丈夫痛哭流涕地表示不能失去她：「即使有多痛苦，我也不會剩下你一人面對！」

Christy 深知道丈夫也很愛自己，只是痛苦大得她不能承受。作為獨生女，Christy 由婆婆撫養長大，成長過程中受到父母的保護，也因此害怕孤獨。她畢業後與大學同學 Tom 結婚，一直沒有生育計劃。直至最近幾年，他們開始計劃生育，但過程困難。曾有一次成功懷孕，卻在第 3 個月時發現孩子停止心跳，急需終止懷孕。面對一而再、再而三的失去，她感到無法承受這些傷痛，認為生存已經失去意義，因而尋死。可幸在出院後一段時間，在丈夫的關愛與鼓勵下，她開始接受心理輔導服務，嘗試疏理這些複雜的傷痛。

在輔導室裏，我輕聲問道：「這一切都來得太突然，好像天塌下來一樣，整個人都僵住了吧？」Christy 抬起頭，眼中含淚，回應道：「是的，24 小時內失去了爸爸媽媽。剩下我自己，這一切發生得真的太突然，我甚至無法好好道別，有很多話還未告訴他們，我很想去『找』他們。」我繼續點頭，向 Christy 表達同理心：「這樣的經歷真的非常痛苦，短時間內失去爸爸媽媽，令你也有生無可戀的感覺？」

「對！正正是生無可戀的感覺！所以我一早買了藥丸……我告訴丈夫，剩下的一半遺產給他，一半捐給慈善團體，我想和爸媽團聚。」Christy 繼續表達她生不如死的悲痛，父母因感染新冠肺炎，一天內急轉直下雙雙離世，因當時正值疫情肆虐，嚴格隔離措施正生效，她連父母最後一面也見不到，只能隔着棺木說再見。她形容「一瞬間我變成了孤兒，我不知怎樣活下去。」

自殺背後的故事

在首次面見的評估當中，我小心翼翼地了解她這次自殺的念頭和經歷，更重要的是聆聽她的哀傷及痛苦，以及一些成長上有機會遇到的創傷經驗，好能作出自殺風險評估及更了解她的心理狀態。「我其實真的痛不欲生……但我知道 Tom 會好傷心；有次我甚至和他說，不如我們把所有財富捐給窮人，我們去瑞士安樂死！」

細問之下，原來 Christy 一直難以懷孕，於父母離世前半年更經歷了失胎，她從未告訴父母這個經歷。一來她自己也傷痛不已，二來她也不希望令他們擔心和失望，一直和丈夫默默承受這傷痛。在輔導的過程中，Christy 說着對父母的思念和流產的傷痛，一切都變得更加沉重。處理多重的哀傷，絕對不是說一兩句所謂安慰的說話便會好起來，而是必須經過長時間的陪伴及開解，才能漸漸接受和適應有關的失去，傷心一定不會止息，但至少眼淚可以少流一點。

自責與後悔不斷纏繞

Christy 說她十分害怕孤獨，可能也是因為她是獨生女。她回憶起兒時，會把所有的洋娃娃放滿睡房和床舖，這讓她感到安心。在經歷失胎後，她一直把一個原本買給孩子的小兔放在床邊，陪伴着自己。我慢慢向她解釋，她正經歷多重的失去，且是複雜的悲痛(Complicated Grief)。她經歷的全都是摯親的離世，父母、自己的孩子，讓她感到無限悲傷、低落和絕望的情緒持續出現，對將來失去希望。

她聲音顫抖：「我覺得自己不是一個好的女兒，我好後悔出事前沒有好好跟爸爸媽媽吃頓飯。」由於當時疫情嚴重，又有限聚令等限制，她也明白外出用膳其實為老人家來說也不太方便。相比起吃頓飯的機會，她其實更怪責自己沒有好好照顧爸媽，讓他們感染到新冠肺炎。她一方面知道這想法不太理性，但同時又控制不了這些想法不斷出現。她告訴我不知道怎樣去處理這些情緒和想法，她真的生不如死，覺得生命沒有意義。

細說出內心糾結與痛苦

Christy 的眼淚不自覺滑落，說道：「有時我真的覺得自己無法再承受下去。我是經過深思熟慮的，我明白Tom會傷心，但趁他還算年青，拿着我的遺產，再去結識另一半，也不是一件壞事。我好想去陪伴我的父母，結束這一切的悲傷。」聽到她的分享，我逐步了解她的尋死意向，清楚了解到她仍然有着一定程度的自殺風險，細心地讓她説出自己內心的糾結和痛苦，同時亦評估能保障她生命安全的保護因子（Protective Factor）。

在過程中我問她獲救的經歷，她回想也覺得驚訝Tom如此關心自己：「我有感這個世界突然之間全部門也關上，直至我收到丈夫的一封信，讓我有多了點勇氣走下去。」她説在醫院留醫時收到Tom寫給她的一封信，説他不能失去自己；明白她失去了爸爸媽媽和孩子的悲痛，他也很明白，因為他自己也同樣失去了岳父、岳母及孩子，雖然不能相比，但他很想給Christy知道，會和她一起面對。他在信中重提當年的婚姻誓詞：「我如今承諾你作我的妻子，從今以後，無論環境順逆、疾病健康，我都永遠愛慕尊重你，終生不渝！」他希望妻子知道，她永遠不會孤單，他們會白首偕老的。

關心和愛成為生命支柱

丈夫的關心和愛，讓Christy心軟起來，願意接受心理輔導，我誠摯地告訴她：「面對如此巨大的失去，的確造成了很大心理創傷，不是一般人能夠承受。再加上各種歷歷在目的畫面，很容易令你悲從中來……你的感受是非常真實的……。丈夫對你的愛也是非常真摯難得的。」我問 Christy 有甚麼想告訴 Tom，她說自己很感激丈夫對自己不離不棄，也知道他其實也很難過，也很擔心自己會再出事，所以才應承他前來接受心理輔導。

她明白要處理如此重大的傷，絕對不是一件容易的事，她擔心：「我怕會愈說愈傷心，我實在沒有力氣去面對。」我向她說，「在輔導室裏，所有情緒都無分好壞，你想分享幾多都可以，不用強迫自己，療癒是需要點時間，待你準備好才分享便可。」在輔導的過程中，Christy 慢慢組織到自己的情緒與思緒，疏理悲傷，好好悼念已逝親人。她知道分離已經不能逆轉，愛與記憶則永遠存在。

一念間

心理學家筆記

當接到 Tom 替 Christy 的求助，首要的是了解她的身心狀況及其自殺風險，如果她願意，再邀請她慢慢剖白內心的痛苦與悲傷，以及仔細評估她的創傷經歷。按 Christy 的經歷，她正面對着多重的失去，情況肯定與複雜性悲傷（Complicated Grief）相關。故在進行輔導時應小心評估她的自殺風險、整體情緒狀態及內心的正真需要。

解說

複雜性悲傷

複雜性悲傷並不等同於必然會出現抑鬱症或其他情緒障礙，但當事人因喪親而明顯感受到悲傷情緒，情緒波動較大，甚至有崩潰的感覺。他們可能會感到情緒停滯，經過幾個月後情緒也未能平伏；日常生活功能被打擾，難以工作或維持正常社交；生活缺乏樂趣，也覺生活毫無意義，整體來説也與抑鬱症狀相似。在處理以上這些情況，我絕不會問當事人「你為甚麼如此傷心難過……？」因為這有點明知故問的感覺，反而我更會探討一下當事人在悲傷背後隱藏着甚麼其他的情緒，特別是與後悔、自責、憤怒等相關的情緒。

如果複雜性悲傷一直維持且沒有好轉，則要開始思考一下當事人是否正開始經歷一種延長哀傷障礙（Prolonged Grief Disorder（PGD））（APA, 2022）。就是説當經歷親人離世，感到悲傷和痛苦實屬常見。通常隨着時間的推移，大多數人會開始接受、適應，情緒也逐漸好轉。然而，當這種情況持續幾個月甚至幾年時，並影響生活功能，就可能被稱為持續性悲傷或延長哀傷障礙（Prolonged Grief Disorder）。特別是如果親人去世的方式充滿悲劇、經歷創傷或發生在嚴重意外的情況下，這種複雜且延續的悲傷則更容易出現。

根據美國精神醫學會《精神疾病診斷及統計手冊

（DSM-5-TR）》，延長哀傷障礙的診斷標準（APA, 2022）指在成年人喪失親人、失去摯愛至少一年前；對於兒童和青少年，則必須至少在六個月前。在親友去世後，出現強烈、持久的悲傷症狀以及持續地影響生活功能，並超過六個月。持續的悲傷，超過一般社會、文化或宗教規範所預期的時間。而在診斷前的至少一個月內，當事人必須幾乎每天經歷以下三種或以上的症狀：

身份崩壞	感覺自己的一部分已經隨着亡者的死去而消逝
對死亡的質疑	無法相信逝者已經過世
不想提及與死亡的訊息	避免接收或提及與亡者相關的事情
強烈的痛苦	出現如憤怒、苦澀或悲傷等與死亡相關的強烈情緒
社交困難	難以與朋友交往、不再追求興趣或規劃未來
情感麻木	情感經歷的缺失或顯着減少
生命沒有意義	感覺對自己的生命沒有意義
強烈的孤獨感	感到孤單或與他人脫節

延長哀傷障礙

由於延長哀傷障礙（PGD）算是近幾年才正式納入診斷及統計手冊，目前對複雜悲傷或持續性悲傷障礙的理解仍在不斷探討中，臨床上未見太多正式的診斷。學者在提出有關診斷建議的初期，有觀察認為每個人經歷傷痛也不盡相同，感到「悲傷」是人之常情，不算是嚴重的心理健康問題，不應歸類成障礙。而後來不同專門研究延長哀傷問題的學者加以解釋，加上隨着全球大流行（Pandemic）的新冠疫情過後，人們對悲傷和失去的議題特別關注，故有關障礙名稱在 2022 年得以落實及應用。

著名精神科醫生 Shear & Simon（2025）專注研究於延長哀傷這課題多年，Shear & Simon 說明有關診斷標準的設立並不是將所有問題認定為病態，而是希望有更多人關注這議題的重要性。作為輔導心理學家，我不會完全以病態角度去分析當事人出現的情緒，畢竟情緒沒有好壞，每種情緒也有其作用，但的確了解到如當事人的情緒受極大困擾及影響到日常生活功能，故盡早作出介入，以免問題惡化。

以 Christy 的情況，父母的突然離世讓她痛苦不堪，接二連三的失去讓她覺得生命失去了意義，內心有着強烈的孤獨感。再加上早前胎兒夭折，也讓她極度悲痛。在臨床評估當中，她已呈現了抑鬱症的情況，悲傷、低落和絕望情緒其實已持續了數月，對生命沒有希望，甚至已經嘗試尋死。Christy 所經歷的並不是單純的抑鬱，不能只了解她的負面思想和刻意增加她的希望感，而定必要好好了解她對失去、離別的悲痛，以及讓她表達對每段關係的情誼，好好悼念。另一邊廂，我亦花了一些功夫去了解她重要的支援——丈夫 Tom。在輔導的過程中，協助他們把內心抑壓的情感表達出來，好讓大家能互相支援，同行陪伴，慢慢走出喪親的陰霾。

自助五部曲

如果你也正面對失去摯親，感到生無可戀，出現一種持續且複雜的悲傷，並影響到自己的身心健康。以下是五個可實行的心理學練習，幫助你逐步面對失去，連繫着親人的愛，重整生活，回復身心靈健康。

1. 悼念行動

將思念化成行動，有助處理抑壓的情緒。在我們的文化中，有些情緒的確很難表達，特別是難過、傷心、悲痛欲絕的情緒。如果我們還沒準備好，也不習慣表達也不要緊，反而可以將這些情緒轉化成一些悼念的行動。無論是寫一封信、製作紀念相冊、帶着他們的相片或信物出遊，以至為過世親人做點善事，任何可以表達思念的行動，也可以幫助我們抒發一點點悲傷。

練習

自我行動：回想一下，________（親人名字）生前和我相處的一些點滴，為了答謝和記念他，我會試試把這些思念和傷心，轉化為實際行動，好好悼念他。我會按他的意願，為他做點有意義的事情，為有需要的人帶來一點光和希望。

2. 撰寫日記表達感受

不要迫自己急於面對悲傷或真的做到短時間內「節

哀順變」，畢竟哀傷是需要多點時間接受和消化，有時候可把這些經歷和感受化文字記錄，以日記或任何適合自己方式寫出來，每天作點點記錄，讓自己有個哀悼的歷程和記錄。經過一段時間後再回看，你會發現自己能夠慢慢疏理這些複雜的情緒。

練習

自我行動：拿起一支筆一張紙，每天或每經過一段時間，將自己想和已亡親友說的話，好好記錄，除了向他表達思念和感謝，也同時記錄自己的生活，好像把關係延續，將生活點滴與他分享。

3. 建立聯繫與陪伴

面對悲傷，不要把自己孤立，反而要尋找一些你值得信任的連繫與支援。如情況許可，盡力連繫一些與自己經歷相似的同行者，他們可能不能完全明白你的悲痛，但一些實在的連繫與陪伴是必要的。

練習

自我對話：「我可以參加一些與自己經歷相似的互助小組，將自己的感受和經歷分享，同時學習聆聽別人的故事，也許會得到一點啟發和反思，好好處理傷痛。」

4. 探索生活的意義

尋找能讓自己感受到快樂和滿足的新嘗試，為自己的幸福作重新定義。生命雖然不能逆轉，關係也不能被取代，但愛與連繫會一直延續。

練習

自我對話：「給自己一個機會，去嘗試做一樣自己未曾嘗試過的事，可以是學一樣新的技能、語言，到一個從未到過的城市，好好探索新事物和生活的可能性，為自己的快樂建立一個新定義。」

5. 接受哀傷輔導

如果情緒持續出現不穩，必須尋找專業的心理支援服務，特別是一些與哀傷輔導相關的服務，以盡快得到適切的支援。

練習

自我對話：「求助並不是一件可恥或示弱的表現，因為悲傷絕對可以是一個持續及複雜的情況，有時我也不知道原來會影響自己的心理健康，所以我可以嘗試踏出一步，接受別人的支援，學習疏理自己的情緒。」

輔導後的改變

在輔導過程中，Christy 開始學會表達自己的悲痛，並逐漸釋放內心的情感和對父母的思念。她知道自己尋死背後有着複雜的情緒，特別是面對父母突然離世的創傷，當中的自責、無助、憤怒，後悔自己沒有好好道別。而面對失胎，她也知道自己一直以來太過抑壓，也不敢告訴其他人這個痛苦的經歷，身心俱疲。而在內心深處，她也發現了自己最害怕的一份孤獨，使她感到無力和絕望。

這些發現雖然是痛苦，但在陪伴和輔導下，讓她有機會慢慢重整過去，特別是與離世家人快樂的點滴與回憶，深思這份愛與連繫，如何在生活中延續下去。在與丈夫 Tom 商量後，她也想為爸爸媽媽和沒有出世的孩子做點有意義的事，以他們的名義捐助有需要的慈善機構，幫助有需要的人。

經過大約 9 個月的心理治療，Christy 雖然對父母的思念仍然有增無減，但她學懂如何將這份思念好好適應和轉化，她會帶着兒時父母送給自己的一個小布偶旁身，喻意他們對自己的陪伴和支持。在丈夫 Tom 的緊密陪伴下，一有機會他們便會出外旅遊，探索新的地方，讓自己的情緒也舒泰一點。

改變的一念，是重新與愛連結。

參考文獻

American Psychiatric Association. (2022). *Diagnostic and statistical manual of mental disorders* (5th ed., text rev.).

Shear, M. K., & Simon, N. M. (2025). Prolonged Grief Therapy. *Cognitive and Behavioral Practice, 32*(1), 6-17.

二、不想成為邊緣人

文——余鎮洋

「當我以為再次要成為邊緣人時，原來只要覺察自己的好，懂得自己的好，放大自己的好，那些重視自己的人，終究能看到自己的好。這樣想着，彷彿又讓我回到了世界的中心。」——Josh

Josh 是一位 38 歲的舞台劇演員，外表俊朗且打扮時尚。除了演戲，他還熱衷於在網絡上分享化妝和穿搭技巧，在社交媒體上擁有大量粉絲。儘管表面光鮮亮麗，他的言行舉止、喜好和性取向一直與主流價值觀有所不同，這讓他在成長過程中遭受了來自家庭和學校的排斥。多年來，他選擇隱藏真實的自我，努力迎合大眾的期望。即使每次見到他臉上總是掛着燦爛的笑容，但內心的崩潰和痛苦早已在面談過程中無法掩飾。

當 Josh 坐下來時，他迫不及待地吐露心中的煩惱，顯得早有準備。「我最近真的覺得自己開始不再有吸引力了。」這樣直白的開場在第一次輔導面談中並不常見。「我已經 30 多歲了，年紀漸長，即便我維持正常的運動和飲食，體重還是略微上升。你知道這意味着甚麼嗎？」他停頓片刻，雙手不經意地抽起衣袖，隨後將手放在膝上，眼神中流露出一絲不安，「我的新陳代謝率正在下降！我老了！」他的語氣中帶着幾分無奈和焦慮，「我開始懷疑自己是不是會變得越來越沒吸引力，我真的很怕自己被邊緣化。」

在 Josh 抽起衣袖的瞬間，我注意到他的前臂上有明顯的刮痕。那一刻，我有些明白為何他看起來像是早有準備。這些傷痕讓我意識到，他的困擾應該已經糾結了很長一段時間，並且最近可能達到了臨界點。基於倫理責任和對 Josh 個人安全的考量，我有責任進行風險評估。然而，考慮到我們仍處於面談的初期，我選擇先專注於與 Josh 建立信任關係，再深入了解他的傷痕。於是，我先輕輕點了點頭，表達理解他的感受並問道：「你提到的這些，似乎是與外貌和年齡的焦慮有關，這些問題是否讓你感覺到自己的價值正在消失呢？」

Josh 輕輕嘆了口氣，「對啊，我知道這些在外人眼中只是表面上的問題，但外貌和年齡卻讓我越來越覺得自己不再有魅力。」他停頓了一下，接着補充，「作為一位舞台劇演員，我很在意外界的評價，擔心自己是不是符合某些標準。符合了會怎樣，不符合又會怎樣，這些問題沒完沒了，年齡的增長只是引爆點，真正讓我痛苦的，是我始終覺得自己不夠好。」

從小的排斥與家庭矛盾

我決定針對他所提到的「很在意外界評價」這部分進行更深入的探討。「你提到自己很在意外界的評價，這樣的感受對你來說是甚麼樣的呢？」

「怎麼說呢……我覺得自己從小就跟其他男生不一樣。」他的語氣變得輕柔且低沉，「別人總是說我的談吐舉止、興趣、打扮，都跟大家不太一樣。在學校裏，我經常被取笑，說我是『乸形（娘娘腔）』。」他略顯不安地低下頭，「我爸也不太能接受我的樣子，他總是叫我不要那麼像女孩子，說男生就該有男生的樣子。我想改變，變得更『正常』，但那樣的掙扎讓我覺得自己更糟。」

我輕聲回應，「這樣的感覺一定很困難。你提到這些經歷不僅來自於學校，也來自家庭對你的排斥，這對你來說可能是自我認同和價值觀上非常大的挑戰。」我注意到 Josh 的目光變得有些迷茫，「在這些經歷中，你覺得自己為了被接受，會刻意去迎合別人的期待，是這樣嗎？」

Josh 默默點了頭，眼神中透露出一絲深思。「是的，我的確是這樣，尤其是當我在青春期時開始意識到自己喜歡男生時，那段時間我變得更加害怕別人的眼光。為了被接受，無論是在學校、家庭，還是在朋友面前，我總是不太敢表現真實的自我。當同學們圍在一起談論女生時，我也會附和着參與話題，因為我很怕被排斥。」他稍作停頓，輕輕抿了抿嘴，語氣中帶着些許複雜的情緒。「後來進入劇圈，雖然因為自己男生女相而意外變得受歡迎，但每次站上劇場或在社交媒體上，我總是感覺自己必須維持着一個大家想看到的模樣。那個畫着精緻妝容、展現完美形象的我，好像只有在呈現這個樣子的時候，才能換取愛和認同。」

迎合他人期待的痛苦

我點了點頭，感受到他內心深處的掙扎。Josh 繼續說：「但有時，我會想，如果我沒有迎合大家的期待，而是選擇做回真正的自己，還會有人願意愛我嗎？」他嘴角微微揚起，卻帶着一絲無奈，「我總是覺得，如果自己不符合某些標準，就會變成一個邊緣人，像小時候那樣，沒有人願意接納我。」

自我懷疑的情感漩渦

除了對外在評價的在意，Josh 也坦言自己在親密關係中缺乏信心。「我開始懷疑自己是否還有吸引力，尤其是在親密關係中。我總覺得他看我的眼神和我們剛在一起時不一樣了。究竟是他對我感到厭倦，還是長時間相處後本來就會變成這樣？」Josh 的語氣中透露出一絲低落和無奈。「但不要誤會我，我們已經在一起 10 年了，感情其實還是很好。」他稍停一下，彷彿在斟酌用詞，「只是我常常擔心他會覺得我不夠好，特別是當我意識到自己在慢慢變老時，這種擔憂就更強烈。我總是害怕，他會不會開始對其他人感興趣？或者，在別人面前，他會不會覺得自己有更多選擇，而我……只是他生命中的一個過客。」

我靜靜聽着，越來越感受到他內心的焦慮和自卑。「你現在的焦慮，是來自於他人對你的期望，還是來自於你對自己內心的不安呢？」我輕聲問道，試圖幫助他釐清情緒的根源。

Josh 稍微愣了一下，隨後低下頭，思考了片刻。「可能兩者都有吧……」他嘆了口氣，「我一直擔心自己不夠好，這種感覺像是一種習慣，已經根深蒂固。但有時候，我也不確定自己真正想要的是甚麼，或許我對外界的焦慮太強，甚至連自己到底需要甚麼都無法分辨。」

我輕輕點頭，「這樣的情況下，你是否會發現，自己不斷在尋求他人的認可，卻忽略了自己內心的真正需求呢？」我再次提問，讓他反思自己對外界的過度依賴。

Josh 沉默了一會兒，似乎在消化這些問題。他微微皺起眉頭，然後慢慢點了點頭。「或許我確實有點忽視自己真正想要的是甚麼。我總是想要得到大眾的認可，但這樣的焦慮讓我不斷迷失，我一直在努力讓自己符合他人的標準，卻忘記了自己從來沒停下來問過自己，究竟為甚麼要這樣。」

在第一次面談的後期，我從 Josh 的坦誠中感受到他對我的信任，這讓我決定直言不諱地詢問他前臂上的傷痕。Josh 坦言，他的困擾並非一時的情緒低落，而是當他極度厭惡自己時，已經開始出現自傷行為，甚至偶爾浮現自殺的念頭。他透露，長期以來內心與現實的拉扯讓他備受煎熬。這種壓力使他感到極度空虛，並且在獨處時尤為強烈。他常常覺得自己一無是處，對自身的價值產生深深的懷疑，並擔心自己會再次回到青少年時期時那種被邊緣化的狀態。這種自卑和焦慮日積月累，讓他感到迷茫與不安，甚至開始厭惡自己的負面情緒，這股自我厭棄的情感逐漸轉化為傷害自己的衝動。當這些衝動變得愈發頻繁時，他決定向一位曾接受過心理輔導的朋友傾訴。「我跟他說，我不確定自己是不是有情緒問題，因為我好像並沒有到崩潰的程度，但他告訴我，不需要等到情況惡化才尋求協助，我覺得他說得對。於是，我來了。」

心理學家筆記

在現代社會，許多性少數群體成員承受着來自社會標準和期望的巨大壓力。根據一項在香港進行的研究顯示（陳俊豪與麥穎思，2018a），每四位 LGBT 受訪者（包括女同性戀者（Lesbian）、男同性戀者（Gay）、雙性戀者（Bisexual）和跨性別人士（Transgender）中，就有一人出現中度或嚴重程度的焦慮症狀，而每三位 LGBT 受訪者中，就有近一人出現中度或嚴重程度的抑鬱症狀，這一比例較香港公眾人士高出一倍以上，顯示出性小眾群體在心理健康方面的脆弱性。

解說

少數壓力模型

性小眾與其他少數群體，例如性別多元者（Gender Variants）、少數族裔、移民、宗教少數群體及殘障人士等，同樣面臨來自社會的多重壓力，這些壓力不僅影響其社會適應，亦對心理健康構成威脅。美國心理學家 Meyer（2003）提出的少數壓力模型（Minority Stress Model）提供了一個重要的理論視角，指出少數群體個人因其身份認同而承受額外的社會壓力，而這些壓力可分為遠端壓力源（Distal Stressors）和近端壓力源（Proximal Stressors）兩大類：

1. 遠端壓力源（Distal Stressors）

遠端壓力源指的是來自外部環境的客觀壓力，通常由社會制度、文化或個人行為所產生，屬於顯性且外在的壓力來源，例如：

歧視（Discrimination）：性小眾在求職、醫療、住房等方面遭受不公平對待。

污名化（Stigma）：社會將 LGBT 群體標籤化，使其成為負面刻板印象的對象。

暴力與騷擾（Victimization）：包括言語侮辱、網絡霸凌，甚至是身體攻擊。

這類壓力通常是個人無法控制的，且會直接影響其社會參與與心理健康。

2. 近端壓力源（Proximal Stressors）

近端壓力源則是內化於個人內心的壓力，主要來自於個人對外部環境的認知與反應，常表現為：

內化污名（Internalized Stigma）：個人將社會對 LGBT 群體的負面觀點內化，例如認為自己的性傾向或性別認同「不正常」，導致自卑、自我厭惡。

預期歧視（Expectation of Rejection）：即使未遭受實際歧視，個人也可能因過去的經驗或社會氛圍，預期自己會遭遇拒絕或排斥，進而影響自我表達和人際互動。

隱藏身份（Concealment of Identity）：為了避免歧視與排斥，一些性小眾成員選擇隱藏自己的性傾向或性別認同，這種長期的心理壓抑可能導致焦慮、壓力增加，甚至影響整體生活品質。

少數壓力模型

這兩種類型的壓力相互交織，使少數群體面臨比一般大眾更高的心理健康風險。例如，根據上述同一項本地研究（陳俊豪與麥穎思，2018b），超過一半的 LGBT 受訪者在過去一年內曾因性傾向而遭受拒絕或不公平對待，其中家庭被認為是最不友善的環境之一，每三位受訪者中，就有一人曾遭到家人的拒絕。除此之外，每三位受訪者中約有一人曾遭到朋友、同事或同學的不公平對待，這些經歷與孤獨感之間存在顯著的正相關。更令人擔憂的是，每五位受訪者中，就有一人曾遭到僱主、上司、老師，甚至醫療保健及社會服務提供者的不公平對待。這些不公正待遇可能加深 LGBT 群組個人的內化污名，使其更容易出現焦慮、抑鬱、自我否定等負面情緒，並顯著提高自傷或自殺的風險。

理想自我、應該自我與現實自我的差距

根據人本心理學的觀點，個人的心理健康和自我認同與其理想自我（Ideal Self）和應該自我（Ought Self）之間的差距密切相關。Carl Rogers（1961）提出的自我理論（Self Theory）指出，當個人的實際自我（Actual Self）與 理想自我 或 應該自我 之間存在較大差距時，會導致心理困擾和情緒問題。理想自我代表了個人對自己最理想的形象和狀態的期望，而應該自我則是來自外部社會或他人對個人的期望。當個人覺得自己無法達到這些期望時，就可能經歷焦慮、沮喪和低自尊等情緒。

這一理論在精神健康領域中得到了廣泛的應用，尤其在分析少數群體的心理健康時尤為重要。例如，當一個人無法符合社會或文化上對性別、種族或性取向的期望時，他可能會經歷來自外部和內部的壓力，這不僅影響他的自尊，還可能引發抑鬱或焦慮症狀。

根據 Higgins（1987）的自我差距理論（Self-Discrepancy Theory），理想的我、應該的我和現實的我之間的差距會導致不同類型的情緒困擾。理想自我的差距通常與沮喪（Frustration）有關，而應該自我的差距則可能引發焦慮感（Anxiety）。這些心理困擾長期存在，會削弱個人的心理健康，尤其在缺乏外界支持或正向反饋的情況下，影響會更加顯著。

現實自我

理想自我

理想自我與現實自我差距：因未能實現願望而感到沮喪

應該自我

應該自我與現實自我差距：因未能符合社會期望而感到焦慮

自我差距理論

綜合以上理論，Josh 的自傷行為與自殺念頭源於長期累積的自卑與焦慮，這些情緒源自遠端壓力源與近端壓力源的綜合作用。他的理想自我、應該自我與現實自我之間存在明顯的差距，這使他內心的焦慮與沮喪劇化，並加劇了他對自己價值的懷疑。

從遠端壓力源來看，Josh 在年輕時因性別氣質不符合社會對「男性」的刻板印象而遭遇家庭和同儕的排斥，這些外部的社會歧視讓他內化了「自己不夠好」的負面想法，逐步對自我價值產生質疑。這些早期的排斥經歷深深影響了他的自尊，並成為他心理健康問題的根源。

在近端壓力源方面，Josh 的內化污名和對自我價值的懷疑持續加劇。為了應對來自父親和同學的排斥，他開始隱藏自己的性向，並試圖迎合社會對「男生模樣」的定義，將這些標準內化為自我認同的依據。這讓他在生活的各個層面上都感到壓力，無論是日常生活中，還是社交媒體與劇場，他總是擔心如果展現真實自我，會遭遇歧視或被排斥。然而，當他進入劇圈後，因為自己具備「男生女相」的特徵，意外地獲得了更多關注和喜愛。這一形象讓他在某些社交場合中得到了認可和欣賞，但這也加深了他對外在「完美」形象的依賴。他開始認為，只有在展現自己最精緻、最完美的一面時，才能獲得他人的愛與認同。但隨着年齡的增長，他漸漸意識到這種對外貌的依賴讓他無法定義真實的自己，並且更加害怕自己不再符合他人期望而遭遇排斥。此外，他對「不夠完美」的恐懼讓他更強烈地預期自己會遭到排斥，而這種預測進一步加劇了他的自我否定和情緒困擾，最終形成了一個惡性循環，使他難以脫離負面情緒的束縛。

協助 Josh 成長的關鍵在於縮小他理想自我和應該自我之間的差距。根據人本心理學的理論，幫助 Josh 建立自我接納並重新認識自身的價值至關重要。透過自我探索的練習與正向關懷，我們可以引導他擺脫對外界評價的過度依賴，從而建立更健康的自我認同，提升自尊感，並走出情緒困境，最終重建內在的穩定與自信。

自助五部曲

對於與主流有所不同的人來説，來自外在與內在的壓力往往讓你感到困惑甚至迷失。社會經常設立標準，要求每個人都符合某些外在條件，無論是外貌、行為，還是性別角色的期待。然而，這些標準並非唯一的價值指標。對於非主流群體的你來説，最重要的是學會重新認識自己，放下對外界評價的過度依賴，才能真正走向內心的自信與快樂。每個人都有其獨特的價值，而這些標準無法完全定義一個人的意義和潛力。以下是五個簡單自助的心理學練習，幫助你放下外界評價，從內心出發建立自信，回歸真實的自我。

1. 重新認識自己：探索內在需求

學會從內心出發認識自己是一個至關重要的步驟，你可能長期以來習慣依賴他人或社會對你的期望來界定自我價值。然而，真正的自信來自於對內在需求的清晰認識。開始思考並發掘那些能讓你感到真正快樂與滿足的事物。

練習

你可嘗試靜下心來，問問自己：「我真正想要的是甚麼？我喜歡怎樣的生活方式？有哪些事物或價值觀讓我感到自豪？」將這些問題的答案寫下來，並反思這些答案是否來自於社會的標準，還是你自己真正的需求。

2. 學會從內部獲得認可：自我價值來自個人內心

過度依賴外界對自己的評價，尤其是社會對於外表、成功等標準的評價，會讓你忽略內在的價值。學會將自我價值建立在內在特質與行為上，而非他人的評價。當你學會從內心認可自己的價值，你將能更好地應對外界的挑戰和壓力。

練習

你可嘗試問自己：「我到底有哪些優勢？有哪些獨特之處？」每天記錄三個正向的肯定，聚焦於你的內在品質與行為，而非外貌或他人對你的評價。例如：我很有耐心、我擅長創意解決問題、我總是能夠聆聽他人。將這些正向肯定寫在手機或筆記本上，方便日後查閱並提醒自己。

3. 積極的自我對話：轉變內心的語言

內心的自我對話對情緒和自信有着深遠影響。當處於困境時，我們往往會進入負面的自我批評模式，這只會加深我們對自我價值的懷疑。學會轉化這些負面語言，用支持性和積極的方式與自己對話，將能有效改善你的情緒狀態。

練習

每當你聽到心中傳來負面批評時，試着將它轉變為積極的語言。例如，當你想説「我不夠好」時，可以換成「我仍有進步的空間，我知道可在合適的時間、環境發揮自我價值和獨特性。」這樣可以促進自己的成長思維。

4. 設立個人界限：學會說「不」

當自己的特質並非符合主流標準時，你可能常常面對來自社會的偏見與壓力，這些外界的期望有時會讓你感到不知所措。設立健康的界限是保護自己情感和心理健康的重要方式。學會說「不」，拒絕那些讓你感到不舒服或不尊重你的需求和期望。

練習

回顧最近的一段時間，是否有某些情境讓你感到被強迫或無法表達真實自我？當你感到不舒服時，學會明確地表達自己的界限。可以從簡單的句子開始，如「這不是我願意接受的」，並為自己爭取更多的情感空間。

5. 尋找支持系統：建立正向社交圈

社會支持對於非主流個體應對心理壓力至關重要。根據本地研究顯示，社會支持在性少數群體中扮演着重要的中介角色（Chen 與 Hung，2021）。這意味着，當非主流個體找到與自己價值觀相符並能提供支持的朋友或社群時，面對挑戰時會感覺不再孤單。正向的社交支持不僅能提供情感上的慰藉，還能幫助個體在困難時期維持心理穩定與自信。此外，透過彼此連結的力量，非主流群體有機會讓主流社會更深入地理解他們的困擾，並為改變奠定基礎。

練習

思考哪些人或群體讓你感到被接納和支持。開始與這些人建立更深的交流，參與有共同價值觀的活動或社群。保持與這些正向支持者的聯繫，並讓他們幫助你度過困難時期。

輔導後的改變

在輔導的過程中，Josh 逐漸學會放下對外界認可的過度依賴，並將注意力轉向內心的需求與感受。他開始意識到，自我價值並非由外界的標準來決定，而是來自於他對自身獨特性和成就的自我肯定。在一次面談中，Josh 談到了他近期的轉變，他不再感到需要過度迎合大眾的期待，也不再依賴外界的認可來證明自己的存在。「當我放下這些負擔後，我才發現，我並沒有失去吸引力，也不再每天擔心自己會被淘汰。我發現，其實我的社交媒體追蹤者更欣賞我分享的化妝與穿搭建議，而非單純看重我的外貌。我也發現自己一直有很好的社交圈，最近還有演藝圈的朋友表示有意和我合伙創立化妝品品牌。」隨着內心的轉變，Josh 開始與伴侶變得更加坦誠。他曾經擔心自己的不安會破壞他們的關係，但如今他明白，愛的本質在於理解和接納。「我們聊得更多了，也更了解彼此，這讓我感到前所未有的安心。」

此外，Josh 也與母親進行了許多深入的對話，他特別被母親對他的一番話深受啟發，「有一次，我告訴媽媽我曾擔心自己會再次變成小時候那個邊緣人。媽媽對我說：『其實你不必太在意外界的看法，你只要覺察自己的好，懂得自己的好，放大自己的好，那些重視自己的人，總能看到你的好。』聽着她的話，又彷彿幫助我回到世界中心。」這段話對 Josh 來說，如同一道光，幫助他深刻理解，真正的認同來自於那些願意了解並珍惜他的人。

及後，Josh 因為到外地演出而有三個月未有進行輔導面談，後來接到他的來電，他在通話中透露出久違的輕鬆與穩定。他說：「我最近情緒穩定了很多，不再像以前那麼焦慮，我覺得自己可以暫停進行輔導見面了。他笑着告訴我，儘管自己仍然很「貪靚（愛美）」，但心態上已經不再害怕被遺忘。「我知道那些重視我的人永遠不會忘記我，我也明白自己有能力繼續做自己熱愛的事，並且能找到真正的快樂與認同。」

Josh 的轉變，不僅是輔導過程中的進展，更是他內心對自我價值的重新定義。他不再依賴外界的認可，而是成為了自己最堅定的支持者。這也正是輔導的真正意義 — 幫助每個人找到內在的力量，勇敢擁抱自己，並活出自信且穩定的生活。

改變的一念，是找到自身的獨特性和自我肯定。

Chen, J.-K., & Hung, F. N. (2021). Sexual Orientation Victimization and Depression among Lesbian, Gay and Bisexual Youths in Hong Kong: The Mediating Role of Social Support. *Journal of Aggression, Maltreatment & Trauma, 30*(5), 679-693. https://doi.org/10.1080/10926771.2020.1821853

Higgins, E. T. (1987). Self-Discrepancy: A Theory Relating Self and Affect. *Psychological Review, 94*(3), 319-340. https://doi.org/10.1037/0033-295X.94.3.319

Meyer, I. H. (2003). Prejudice, Social Stress, and Mental Health in Lesbian, Gay, and Bisexual Populations: Conceptual Issues and Research Evidence. *Psychological Bulletin, 129*(5), 674-697. https://doi.org/10.1037/0033-2909.129.5.674

Rogers, C. (1961). *On Becoming a Person: A Therapist's View of Psychotherapy*. Houghton Mifflin Harcourt.

陳俊豪、麥穎思（2018a）。《LGBT 社群心理健康研究報告系列（一）：心理健康》。香港中文大學心理學系，多元文化及全人健康研究室。

陳俊豪、麥穎思（2018b）。《LGBT 社群心理健康研究報告系列（二）：社會接納》。香港中文大學心理學系，多元文化及全人健康研究室。

一念間

三、我不是「怪物」

文——黃麒錄

「過去我覺得自己是怪物，但現在我知道，那些標籤並不能定義我。即使還是有困難，我也可以選擇理解和愛護自己。」—— 家俊家俊，13 歲，中一學生。因持續的校園欺凌和出現嚴重的抑鬱症狀與自殺念頭及行為，被學校社工轉介接受心理輔導。他從小在一個充滿暴力和焦慮的原生家庭成長，父親暴躁易怒，家中時常充斥着父親的怒吼聲和母親壓抑的哭聲。家俊記得，自己稍說錯一句話，父親便會揮拳相向；而母親除了將他緊抱入懷，別無他法。

更令他心寒的是，小學時的一次經歷深刻改變了他往後的人生軌跡。因為一個小小的誤會，他被老師帶上禮堂的講台前，當着全校師生的面被羞辱成「垃圾蟲」。從此，這個稱號如影隨形，讓他成為同學們恣意嘲弄和欺凌的對象。甚至在事隔多年後，一位比他年紀更小的學生仍得意地對他說：「你知不知道，你是全校最不受歡迎的那個嗎？」這句話如利刃般深深刺入家俊的心底，成為他夜晚輾轉難眠時不斷重播的惡夢。

升上傳統英文中學（EMI）後，適應全英文教學本已困難，新的欺凌事件卻再次發生。一位同學經常對家俊拳打腳踢，甚至有一次放學後，幾名同學合力將家俊推進空無一人的教室，鎖上門後，不斷用書包和文具砸向他。他無助地蹲在地上抱着頭，耳邊充斥着辱罵與嘲笑的聲音，內心只有一句話不斷迴盪着：「為甚麼總是我？」當時其他同學只是冷眼旁觀，他的求救沒有得到任何回應。向母親傾訴後，母親也只能無奈地勸他「忍耐一下就好」，向老師求助亦無果。持續的孤立無援與絕望感讓他逐漸喪失了活下去的動力，甚至開始反覆地問自己：「我活着究竟還有甚麼意義？」

情況在一次英文課上達到了臨界點，當他再次被同學們譏笑為「垃圾」，那些被壓抑已久的羞辱與痛苦像海浪般襲來，他無法控制地衝到窗邊，站上了窗台。那一刻，內心只剩下一個念頭：「如果我跳下去，這一切是不是就會結束了？」幸好當時老師及時阻止，才沒有釀成悲劇。

事後，家俊終於意識到自己需要幫助。首次走進輔導室時，他仍帶着強烈的防衛與恐懼，低着頭，不敢與我眼神接觸，彷彿害怕再次受到傷害。經過一段耐心的陪伴與支持後，家俊逐漸打開心扉，願意緩緩訴說自己內心那些深藏已久的痛楚。

初入輔導室的防備

輔導室內光線柔和，窗外微風拂過樹梢，偶爾傳來學生們的嬉鬧聲，與室內沉重的氣氛形成強烈對比。13歲的家俊坐在沙發一角，視線緊緊盯着地板，雙手緊插在口袋裏，身體僵硬而防備，似乎任何細微的動靜都會令他更加不安。

「家俊，我知道要開口談這些經歷並不容易。」我溫和而誠懇地說，「但你今天坐在這裏，意味着你心裏有一些希望被理解的事情，對嗎？」

他猶豫了一會，聲音微弱地回答：「說出來也沒用，以前我試過很多次，結果還是沒有人在意我……」

「你曾經試過很多次，但卻一直沒人聽見，這讓你感到很失望，也很孤單吧？」我放緩語速，給予他足夠的空間去感受和表達內心深處的情緒。

自我污名化的困擾

家俊點點頭，聲音開始微微顫抖：「……我真的很討厭自己……每次別人笑我時，我都覺得自己真的就是他們口中那個『怪物』……」

聽到這裏，我用同理心技巧（Empathic Reflection），試着反映他的感受：「聽起來，你內心其實承受了很久這種被標籤的痛苦。」

家俊忽然用力咬着下唇，身體微微發抖：「是啊，小學的時候，我就常被叫做『垃圾蟲』，每次我經過，同學們都故意裝作很怕我，尖叫着躲開我。他們甚至會故意把用過的紙巾丟到我身上，笑說我全身都是細菌……有一次我真的太氣了，我就把地上那些用過的紙巾拿起來，假裝要扔回去，還大聲地尖叫，想嚇他們一下……」

「那一次發生後，他們有停止欺負你嗎？」我用平和的語氣問，想讓他明白自己的反應其實並不奇怪。

「沒有……」他低下頭，「反而變本加厲，連老師也罵我說我無理取鬧，說我『不懂得跟人相處』……但明明不是我先開始的！」他眼裏泛起淚光，「從那時候開始，我就覺得自己真的很有問題，不值得別人喜歡……我是不是本來就不應該存在？」

這一刻，我察覺到家俊明顯出現了自我污名化的現象（Internalized Stigma）。為幫助他更清晰地認識這種情緒背後的機制，我溫和地引導說：

「所以那個時候，你已經開始覺得問題都在自己身上，覺得自己被所有人拒絕了，是嗎？」我輕聲問，幫助澄清家俊自己的想法和感覺。

他沉默了一陣，緩緩點頭，眼眶泛着淚光：「嗯，我真的覺得自己沒有人會喜歡。後來我以為上了中學就能重新開始，但沒想到根本沒用，反而更糟糕。」

「能不能告訴我，到了中學之後發生了甚麼？」我以關切而謹慎的語調追問。

「我……剛升上中學，學校是英文教學，很多東西我都跟不上。」他停了一下，「有一次英文課，老師點我回答問題，我一直説不出來，班上的學霸就笑得很大聲，説我『垃圾』、『連這麼簡單的英文也不懂』……當時我腦裏一下子就浮現出小學那些畫面，我真的覺得很難呼吸。」

家俊聲音顫抖着繼續説：「然後……我不知道自己怎麼了，突然站起來，用力推開桌子，衝到窗邊，跳上了窗台……當時我只是很想讓他們停止笑我，我甚至不知道自己到底想做甚麼，但心裏真的覺得沒有人在意我，就算跳下去也沒有人會在乎……」

他停頓了一下，眼神變得空洞而遙遠：「站在窗台上的那一刻，下面的世界突然變得很安靜，好像甚麼聲音也聽不到，腦裏反覆只有一句話：『如果我跳下去，這一切會不會就結束呢？』」

我同理和反映家俊當時的感受：「那一刻，你內心一定非常痛苦、非常絕望，才會有這麼強烈的反應吧？」

家俊點點頭，眼淚慢慢滑落臉頰：「我一直很努力想讓自己好一點，想讓別人喜歡我……可是每次都是這樣，我覺得自己根本沒救了……」

「家俊……」我放緩語氣，溫柔而堅定地看着他，「很多謝你願意這樣信任我，讓我知道你的感受。我現在聽到的，不是一個『麻煩』，而是一個承受了很多痛苦，卻一直得不到理解和支持的少年。」

他微微抬頭，疑惑地看着我，彷彿第一次有人用這樣的方式去看待他。

學習認識自我

我進一步運用認知重塑（Cognitive Reframing）技巧：「你剛才說的經歷，的確讓你很難過，但這並不代表你本身就是問題，而是因為你經歷了一些非常困難的事情，而這些經歷讓你產生了這些負面的感受與信念。」

家俊的眼神逐漸柔和下來，肩膀也慢慢地放鬆了一些。他輕聲問：「但……我真的可以改變嗎？」

我溫柔且堅定地點點頭：「當然可以。這需要時間，也可能不容易，但我相信你能做到。我會陪着你一起試試看，慢慢改寫這些負面的自我聲音。」

聽到這句話，他沉默良久，最終輕輕點了點頭，雖然猶疑，但眼中卻多了一絲從未出現過的微弱光芒，彷彿長久以來積壓在心頭的巨大石塊，開始緩緩移動。

心理學家筆記

青少年自殺與欺凌的隱性危機

近年，香港青少年的心理健康問題日益嚴峻，自殺個案更持續攀升。根據立法會（2024）資料，本地學校於2023 年共通報了 32 宗中小學生懷疑自殺個案，為近五年新高。同年，社會福利署錄得 1,457 宗新登記的兒童保護個案，其中以 12 至 14 歲佔最多（社會福利署，2024），反映青春期初期的兒童面臨更高的心理與環境風險。

本地一項涵蓋中小學生的校本研究指出，近兩成中學生與逾一成半小學生曾出現自殺念頭，約 8% 曾有自殺行為（Zhu 等 , 2023）；該研究亦發現，自殺風險與抑鬱、欺凌、孤獨感、缺乏自我關懷等因素高度相關。另一項針對高小學生的調查亦顯示，超過三分之一受訪學生曾遭受校園欺凌，惟僅有三成會向家長傾訴，而部分教師更坦言校方支援明顯不足（香港幼兒教育及服務聯會，2024）。

這些看似冰冷的統計數字背後，是一個個在痛苦中掙扎的孩子。他們或許每天靜靜地坐在課室一角，表情平淡，內心卻早已像家俊一樣，被羞辱、孤立與恐懼吞噬。對這些孩子而言，「我覺得自己是怪物」不再只是情緒宣洩的句語，而是被長期標籤與否定後內化為自我評價的結果。倘若這種負面信念內化的過程未被及時辨識與介入，便可能演變為青少年憂鬱、自傷，甚至自殺的潛在根源。

解說

標籤內化與自我污名的心理歷程

長期遭受他人的語言貶抑與羞辱對待，會讓個體逐漸將這些外界標籤內化為自我信念。這種現象即為「自我污名」（self-stigma）（Haim-Nachum 等 , 2024）。家俊從父親口中的「沒用」、老師的「麻煩」，到全校同學稱他為「垃圾蟲」，每一個詞語都是一把利刃，雕刻出他對自己的否定，也深化了「我不值得被愛」的核心信念。

神經科學研究亦指出，當人經歷社會性排斥時，大腦中負責處理身體痛覺的區域（包括前扣帶皮質與島葉）會被同時激活，顯示心理排斥的痛楚與身體疼痛無異（Eisenberger 與 Lieberman, 2004）。對於正值建立自我概念階段的青少年而言，這樣的傷害更具破壞性與持久性。

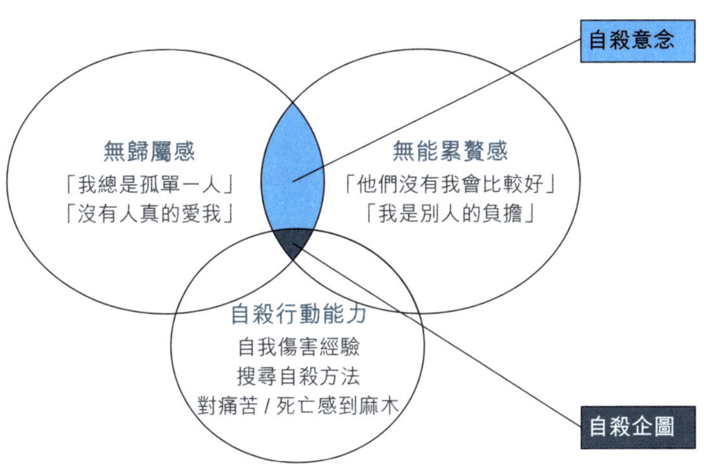

Joiner (2005) 的自殺風險模式

而 Joiner（2005）提出的「人際自殺理論」（Interpersonal Theory of Suicide）進一步指出，當一個人同時經歷「無歸屬感（Thwarted Belongingness）」與「無能累贅感（Perceived Burdensomeness）」時，其自殺風險顯著上升。這套理論正好呼應家俊的心理狀態：無論在家庭或學校，他都無法感受到歸屬，甚至認為自己的存在是一種累贅，自殺念頭因而自然浮現。

複合性童年創傷與習得性無助的形成

家俊的成長歷程也揭示了「複合性創傷」（complex trauma）對兒童心理發展的深層影響。Felitti 等人（1998）在「童年不良經驗研究」（Adverse Childhood Experiences, ACEs）中指出，若兒童在成長過程中經歷四項以上創傷事件（如家庭暴力、情緒忽視、身體虐待與校園欺凌），其成年後出現抑鬱、自傷與自殺行為的風險將大幅上升。

本地研究亦發現，童年創傷的累積程度與青少年精神健康問題呈強烈正相關（Tang 等, 2021; Wang 等, 2024），而其中最具風險的，不僅是事件本身，而是重複求助無果所引發的習得性無助（Learned Helplessness）與社交抽離（蘇絢慧，2024）。在香港這種高度競爭與情緒壓抑的文化環境中，孩子往往難以安全表達困難，亦難以尋得及時與適切的支援。

家俊多次向母親、老師甚至同學尋求幫助，卻每次都遭遇輕視或否定。這種經驗，不僅使他逐漸停止表達，也讓他封鎖了與世界連結的能力。如他所説：「我試過很多次，但都沒人理會我。」這句話，不是放棄，而是對世界失望後的自我防禦姿態。我們在輔導工作中常見類似情況：孩子渴望被理解，卻在多次失落中學會了緘默，最終懷疑自己的存在是否有價值。

認知重塑與自我關懷的臨床介入

面對如家俊這樣因多重創傷與內化標籤而產生強烈自我否定的個案，臨床介入的重點往往不在於立即改變行為，而是協助他們辨識並重寫那些深植內心的負面語言與信念。許多青少年會將「我很沒用」、「我應該被討厭」這類語句視為事實，而非情緒化的觀點或評價。在這樣的心理狀態下，若不先鬆動這些核心信念，即使外在環境有所改善，內在的羞恥感與無助感仍難以紓解。

在幫助孩子鬆動這些自我否定的信念時，敘事治療（Narrative Therapy）常被廣泛應用。它強調一個人「不是問題的本身」，而是「與問題互動的人」。透過外化對話（Externalizing Conversations）與開放式提問等方式，我們邀請個案把腦海裏那些語句（例如「我就是問題」）轉化為更具描述性而非批判性的陳述，例如：「我正在經歷他人的誤解，這讓我感到很受傷」或「我正在經歷一些讓我痛苦的事，但我不是問題本身」（Baldwin, 2020）。這樣的語言轉換，除了幫助他們在肯定情緒，也正是與內化的負面標籤保持心理距離的第一步。

我們亦會引入自我關懷（self-compassion），幫助青少年重新建立內在的心理安全感。這不是「對自己好一點」，而是像關懷朋友一樣關懷自己，在痛苦時溫柔回應、給予理解。自我關懷包含三個核心元素：對痛苦的覺察、認知到人皆有苦難的共通性，以及用慈悲而非批判的態度對待自己（Neff, 2003）。我們會鼓勵他們試着對自己說：「我很辛苦了，我想讓自己好好休息一下。」或「我現在感覺很差，但我仍值得被理解與照顧」。多項研究指出，這樣的介入能有效降低青少年自殺意念與自我傷害行為（Per et al., 2022；Patra, 2025），並提升他們在情緒風暴中穩住自己的能力。對於深陷自我否定的人來說，這些練習就像是種下一顆種子，提醒他們：「你可以不完美，但仍然值得被溫柔對待。」幫助他們重構內在安全感和自我價值（蘇絢慧，2024）。

自助五部曲

面對如家俊般長期經歷欺凌、孤立與標籤化的青少年，介入的重點不只在於「止痛」，而是一步步走向「自我關懷」的復元旅程。以下五個簡單、可持續實踐的行動，或許無法一次解決所有困難，但能在你迷失時提供指引，慢慢走回內在的穩定與力量。

1. 覺察身體的訊號：與身體重新連結

當我們陷入過度煩惱與情緒時，注意力往往卡在腦中的念頭，忽略了身體正在發出的警號。這些警號可能包括：肩膀持續痠痛、胃口突然變差、心跳加速、晚上難以入睡等。這些都是身體在告訴我們：「我承受太多了。」若長期忽視這些反應，身體會漸漸進入防衛狀態，變得僵硬、緊繃，甚至出現麻木或失去感覺。

練習

每天花 3 至 5 分鐘，由頭到腳進行「身體掃描」練習。可採平躺或盤腿坐下的姿勢，閉上眼睛，專注感受身體各部位的張力與變化（例如：觀察肩膀是否有緊繃或酸痛的感覺）。

這練習不僅能溫柔地與身體重新連結，更有助於釋放壓抑的情緒與壓力。這是許多臨床靜觀介入中常用的情緒穩定的第一步（Horesh 與 Gordon，2018），讓每天都有過多煩惱的心能夠好好的休息，身體自然地也會放鬆下來。

練習

1. 平躺，將注意力放在呼吸上

感受氣息如何進出鼻孔，身體如何隨之起伏。

2. 將注意力導向左腳尖

感受腳尖的觸地感或包覆感，不帶評價地覺察它的存在。

3. 掃描身體

順序地將注意力從腳尖向上移動，經過腳掌、腳背、小腿、大腿……直到頭頂。

4. 以同樣方式處理全身

每一個部位停留幾個呼吸的時間，若察覺分心，溫柔地將注意力帶回。

2. 轉化語言的力量：把批判變成描述

「我是怪物」、「我沒用」這些語句，其實是個人對自己的主觀評價而非事實。當這些自我批判內化成身份認同，往往會強化羞恥與絕望感。但語言可以改變觀點，也能轉化我們對自己的態度。

練習

當腦中浮現負面語句時，試着停一停，問問自己：「這真的是事實，還是當下情緒的説話？」

例如，將「我真的好廢」轉化為「我現在很累，正在面對很大的壓力。」你也可用手機備忘錄輸入原句，再改寫成溫和、客觀的描述句，幫助自己鬆動情緒的束縛。這是認知重塑（Cognitive Reframing）技巧，對減輕自我批判極為有效（Beck 與 Haigh, 2014; Neff 與 Germer, 2017）。

3. 整理支持圈：看見你並不孤單

感到孤單時，我們容易以為「沒有人會理解我」。但其實，有些人正在你身邊，只是你未曾整理或嘗試求助。畫出支援網絡，有助降低孤立感，亦方便在危急時迅速求助。

練習

在紙上畫三個同心圓，將自己寫在中間。第一圈寫上你覺得安全、可以信任求助的人（如媽媽、社工）；第二圈寫可能願意傾聽你的人（如某位老師、同學）；第三圈寫下可用的支援熱線或線上平台（如 OpenUp、生命熱線）。

研究指出，提升對個人社會支持網絡的覺察與可及性，能顯著減少創傷後的孤立無助感，並有助情緒復原與壓力調節（Calhoun 等, 2022）。因此，建議將這張支持圈圖貼在常見的位置（如書桌、筆記本或手機封面），必要時可直接對照尋求協助。

4. 啟動五感安撫：讓身體幫助心回穩

在強烈情緒襲來時，大腦的理智系統容易短暫「離線」，此時透過調動五感（視覺、聽覺、嗅覺、觸覺、味覺），有助大腦回到穩定狀態，降低過度激活。

練習

為自己準備一個簡易的「五感急救包」，可包含：

- 一張讓你安心的照片（視覺）
- 一段 Spotify / YouTube 的輕音樂或大自然聲音（聽覺）
- 一包你喜歡的香味茶葉 / 香包（嗅覺）
- 一件柔軟的隨身小物（觸覺）
- 一粒薄荷糖或溫熱飲品（味覺）

當你感到焦躁或崩潰時，試着用這五感物品「穩定自己」，同時搭配幾次深呼吸，讓身體帶動情緒的回穩。這是感官接地法（Sensory Grounding），常應用於創傷與焦慮介入中，有效降低焦慮情緒與驚恐反應（Shuka, 2020; Vermilyea, 2000）。

5. 化傷為光：你不只是那段痛苦經歷

創傷一旦被說出、被聽見，就開始失去它的掌控力。當你能以自己的方式重新命名痛苦，你不再只是受害者，而是故事的主人。

練習

不一定要寫長文或發表，只需簡單一句話也好，例如：「我今天很難受，但我願意再撐一下。」或「我仍然在學習怎樣和自己好好相處。」你可以錄音、寫在記事

本 / 手機裏，或傳給信任的人。這是敘事治療與創傷書寫常用方式，有助於重建自我認同與意義感（Ruini 與 Mortara, 2022; van Emmerik 等 , 2013）。每一次這樣的重寫，都是對自己的一次肯定與接納。

這 5 個步驟，不是為了讓你成為「更好的人」，而是提醒你——你已經值得被理解與被照顧，不只是來自他人，也包括你自己。每一次願意停下來感受、重寫一句話、尋找一個人，都是一個轉念的開始。當你願意開始關懷、守護自己，你已經在為自己築起一道溫柔而堅固的防護網，復元的旅程便已啟程。

輔導後的改變

那一天的面談，我們並未急於尋找即時有效的解決方案，而是從最基本的地方開始 —— 細細縫補那些曾經被撕裂的語句：「垃圾蟲」、「沒用」、「怪物」。我引導家俊用顏色筆將這些令他痛苦不堪的詞語寫在紙條上，一張張地貼在輔導室的白板上。然後，我們逐一為這些標籤重新命名，將負面且刺痛的語言轉化成具體且中立的描述：「我正在經歷困難」、「我值得被尊重」、「我並不是錯誤本身」。當最後一張紙條被重新命名後，他望向白板的目光裏，首次多了一份溫柔與希望。

「**原來標籤是可以改的。**」他低聲喃喃，似乎對自己的生命產生了新的想像。

數星期後，家俊在學校再次被同學嘲弄。他走進輔導室時仍在顫抖，卻沒有像那次站在窗台邊時那樣失控或封閉，而是沉默了一會兒後主動走到白板前，拿起筆，在「我值得被尊重」下畫了一個小小的盾牌。

「我還是很怕，但我想試着守護自己。」家俊用堅定的聲音說。

接下來的輔導中，我們一起設計具體可行的行動方案，透過角色扮演的方式練習向老師和可信任的大人求助。家俊多次站在鏡子前，一次又一次地練習用穩定的語氣說：「老師，我需要你的幫助。」同時，在徵得家俊同意下，我也與學校社工、教育心理學家、班主任及訓輔組召開聯席會議，清晰地交代事件的背景，制定後續的介入計劃，約見涉及欺凌事件的學生及其家長，從根本上建立一個系統性的保護網。此外，家俊的母親也開始嘗試「情緒教練」的方式，以傾聽、理解和支持取代過去「忍耐」的傳統教養觀念，第一次在家中主動促成與孩子的深層對話。

經過半年的輔導歷程，我明顯看見家俊逐漸從內心封閉、防衛的狀態轉向更主動地表達自己，願意探索內心的情緒和需求。他不但能夠清楚辨識並表達自己的感受，也學會使用深呼吸、繪畫和身體掃描等靜觀技巧去面對內心湧現的焦慮和羞恥。他告訴我，他逐漸明白了過去承受的羞辱與欺凌並非自己的錯誤，真正需要為那些行為負責的並不是他自己，而是那些傷害過他的人。

更重要的是，他開始嘗試把內心的轉變帶回家庭之中。他主動向父母說出自己的感受，甚至願意坦率地表達自己曾經經歷的傷害與恐懼，這讓他的父母意識到過去的管教方式與家庭衝突對他造成的負面影響，促使家庭內部首次出現了真正意義上的溝通改善。在一次面談中，家俊父親甚至主動對以往的體罰行為道歉，表示願意努力修復與家俊之間的關係，這成為家庭復元的重要轉捩點。

在最後一次輔導面談時，家俊帶來一張小紙鶴，原來那是用他過去寫着「怪物」標籤的紙條摺成的。他告訴我，雖然仍會偶爾想起被嘲諷與站在窗邊的那一刻，但他把這隻紙鶴貼在課桌的抽屜內，提醒自己：「我不是怪物，我是值得被理解和尊重的人。」這不僅是自我認知的改變，更是他在重建內在安全感和自我價值的重要里程碑。

離開輔導室前，他帶着微笑説：**「過去我一直覺得自己是一個怪物，但現在我知道，那些標籤並不能定義我。即使生活中仍會面對困難，我仍可以選擇理解和愛護自己。」**這句話道出了輔導最大的意義 —— 不只是解決眼前的困擾，更是重新定義自己生命的可能性。

半年後，我再收到家俊的消息。他不但主動參與學校的朋輩支持小組，還在晨會上分享自己的故事，告訴同學們如何用勇氣去面對欺凌，如何在困難中重新發現自己的價值，獲得了全校同學熱烈的掌聲。他告訴我：「原來當我願意説出來，身邊真的有很多人願意傾聽和支持我。」

回望這段旅程，我深深感受到：**「標籤」並非終點，「連結」才是**。我們真正要做的，是在每個孩子生命中建立連結與支持的網絡，讓他們有機會發現，即使身處困境，他們依然值得被理解、尊重和愛護。

改變的一念，是不再以標籤定義自己。

參考文獻

Baldwin, J. (2020). *Narrative therapy to reduce self-stigma: Empowering children, adolescents, and their families* (Master's capstone project, University of Denver). Graduate School of Professional Psychology: Doctoral Papers and Masters Projects. https://digitalcommons.du.edu/capstone_masters/389

Calhoun, C. D., Stone, K. J., Cobb, A. R., Patterson, M. W., Danielson, C. K., & Bendezú, J. J. (2022). The Role of Social Support in Coping with Psychological Trauma: An Integrated Biopsychosocial Model for Posttraumatic Stress Recovery. *The Psychiatric quarterly, 93*(4), 949-970. https://doi.org/10.1007/s11126-022-10003-w

Eisenberger, N. I., & Lieberman, M. D. (2004). Why rejection hurts: a common neural alarm system for physical and social pain. *Trends in Cognitive Sciences, 8*(7), 294-300. https://doi.org/10.1016/j.tics.2004.05.010

Felitti, V. J., Anda, R. F., Nordenberg, D., Williamson, D. F., Spitz, A. M., Edwards, V., Koss, M. P., & Marks, J. S. (1998). Relationship of childhood abuse and household dysfunction to many of the leading causes of death in adults. The Adverse Childhood Experiences (ACE) Study. *American journal of preventive medicine, 14*(4), 245-258. https://doi.org/10.1016/s0749-3797(98)00017-8

Haim-Nachum, S., Lazarov, A., Zabag, R., Martin, A., Bergman, M., Neria, Y., & Amsalem, D. (2024). Self-stigma mediates the relationships between childhood maltreatment and symptom levels of PTSD, depression, and anxiety. *European journal of psychotraumatology, 15*(1), 2370174. https://doi.org/10.1080/20008066.2024.2370174

Horesh, D., & Gordon, I. (2018). Mindfulness-based therapy for traumatized adolescents: An underutilized, understudied intervention. *Journal of Loss and Trauma, 23*(8), 627-638. https://doi.org/10.1080/15325024.2018.1438047

Joiner, T. (2005). *Why people die by suicide*. Harvard University Press.

Neff, K. D. (2003). Self-Compassion: An Alternative Conceptualization of a Healthy Attitude Toward Oneself. *Self and Identity, 2*(2), 85-101. https://doi.org/10.1080/15298860309032

Neff, K., & Germer, C. (2017). Self-compassion and psychological well-being. In E. M. Seppälä, E. Simon-Thomas, S. L. Brown, M. C. Worline, C. D. Cameron, & J. R. Doty (Eds.), The *Oxford handbook of compassion science* (pp. 371-385). Oxford University Press.

Patra, S. (2025). Self-Compassion: The Key to Suicide Prevention in Young People. In: Kumar, U. (eds) *Handbook of Suicide Prevention*. Springer. https://doi.org/10.1007/978-981-96-1403-5_24

Per, M., Schmelefske, E., Brophy, K., Austin, S. B., & Khoury, B. (2022). Mindfulness, self-compassion, self-injury, and suicidal thoughts and behaviors: A correlational meta-analysis. *Mindfulness, 13*(4), 821-842. https://doi.org/10.1007/s12671-021-01815-1

Ruini, C., & Mortara, C. C. (2022). Writing Technique Across Psychotherapies-From Traditional Expressive Writing to New Positive Psychology Interventions: A Narrative Review. *Journal of contemporary psychotherapy, 52*(1), 23-34. https://doi.org/10.1007/s10879-021-09520-9

Shukla, A. (2020) *A 5-Step Mindfulness Grounding Technique to Ease Anxiety & Why Mindfulness Works*. https://cognitiontoday.com/5-step-mindfulness-grounding-technique-to-ease-anxiety-why-it-works/

Tang, W. C., Wong, C. S., Chang, W., Hui, C. L., Chan, S. K., & Lee, E. H. (2021). Adverse childhood experiences, family relationship and generalized anxiety in the youth population in Hong Kong. *European Psychiatry, 64*(Suppl 1), S367. https://doi.org/10.1192/

j.eurpsy.2021.984

van Emmerik, A. A., Reijntjes, A., & Kamphuis, J. H. (2013). Writing therapy for posttraumatic stress: a meta-analysis. *Psychotherapy and psychosomatics, 82*(2), 82-88. https://doi.org/10.1159/000343131

Vermilyea, E. G. (2000). *Growing beyond survival: A self-help toolkit for managing traumatic stress*. The Sidran Press.

Wang, L., Zou, H. O., Liu, J., & Hong, J. F. (2024). Prevalence of Adverse Childhood Experiences and Their Associations with Non-Suicidal Self-Injury Among Chinese Adolescents with Depression. *Child psychiatry and human development, 55*(5), 1441-1451. https://doi.org/10.1007/s10578-023-01508-x

Zhu, S., Li, X., & Wong, P. W. C. (2023). Risk and protective factors in suicidal behaviour among young people in Hong Kong: A comparison study between children and adolescents. *Psychiatry research, 321*, 115059. https://doi.org/10.1016/j.psychres.2023.115059

立法會秘書處（2024）。《數據透視：香港學生的精神健康情況》。https://app7.legco.gov.hk/rpdb/tc/uploads/2024/ISSH/ISSH22_2024_20241028_tc.pdf

社會福利署（2024）。《保護兒童資料系統：統計報告 2023》。https://www.swd.gov.hk/storage/asset/section/654/Annual%20CPR%20Report%202023_Biligual_Final.pdf

香港幼兒教育及服務聯會（2024 年 9 月 11 日）。《幼聯發佈「2024 高小學生校園欺凌調查」》（新聞稿）。https://hkceces.org/wp-content/uploads/2024/09/HKCECES_Bullying_survey_Press_release_Chi_Clean_Final.pdf

蘇絢慧（2024）。《習得安全感：打破焦慮循環，終止情緒內耗的安定練習》。平安文化。

一念間

四、我無法被愛嗎？

文———方婷

「當我以為絕望的時候，原來有人會伸出援手，雖然我們是泛泛之交，但這個經歷不止救了我一命，亦令我相信這個世界有慈悲的人……我希望這段痛苦過後，我亦可以幫助到和我一樣的同路人。」—— Lena

Lena，34 歲，女性，兼任模特兒，近期面臨着職業與情感的重大危機。她感到年華漸逝卻未能有所成就，心中潛藏着對於被愛的懷疑，甚至萌生了自殺的念頭與行為。對於 Lena 而言，觸發自殺危機的因素可分為遠因和近因。遠因是她在成長過程中曾遭受的嘲笑經歷，這使她對孤立感到深深恐懼，而她的自信心則主要源於她對外表的精心打理和他人的喜愛。隨着年齡的增長，她在職場上的競爭優勢逐漸減少，加之外部經濟環境的不景氣，給她帶來了實質性的壓力。

近因方面，與男友的分手使她情感受挫，內心充滿了空虛與寂寞，甚至開始懷疑自己的價值，認為自己已無人可愛，這加劇了她的「覺得自己很多餘」及深層的痛苦。在自殺行為發生前的半年裏，Lena 一直浸泡在負面情緒之中。她與家人的關係較為一般，僅停留在「簡單的日常對話」，與他人的交流則多為泛泛之交。她性格上對批判的恐懼使她不願意暴露脆弱的一面，這也導致了她支持系統的薄弱。更為不幸的是，她未能察覺自己狀態的不斷惡化，亦未及時做出任何積極的改變。

「我覺得自己無人愛，我知道自己太過依賴其他人，但我真係好怕自己一個⋯⋯覺得自己無辦法克服到孤獨感⋯⋯曾經嘗試自己一個人食飯同行街，但總係覺得其他人會覺得我好怪、無朋友、性格有問題⋯⋯真係享受唔到（自己一個）。」Lena 身穿時尚，妝容精緻，但她眼中的疲憊卻無法掩飾。

這是我和 Lena 第二節的心理治療。

「嗯，我聽到你說很怕自己一個的孤獨感，亦很介意別人的想法，看得出這是很困擾你的狀況。可否請你讓我了解多一點，這種想法或感受，是甚麼時候開始的？」第一節的接觸時，我獲得了 Lena 的求助原因和基礎資料，現在需要走進她的重要回憶，和了解她的內心世界。

「你是指依賴和孤獨感？」Lena 小心翼翼地問。

「是的，請分享一下你印象深刻的事情，從甚麼時候開始感受到孤獨感？」她對我的提問總是小心而仔細。

「可能是……我記得，很小的時候已經覺得自己很平凡，沒有甚麼朋友……小學時我說話有點口齒不清，我記得有一排班上的同學有笑我，回想起可能是那個時候已經很介意被其他人笑，唔鍾意自己。可能……小學三年級時，下學期都沒有甚麼朋友，那個時候開始……」Lena 無奈地苦笑了一下：「說着說着才發現，可能這件事有影響到我很怕被孤立。」

「那時的你，一定感到十分無助和沮喪吧？」我同理着她當時的感受。

「我記得當年暑期，我不知從哪裏看到舞台演員的訓練方法，就跟着做，自己天天都在家讀報紙，練習咬字……到新學年，其他同學似乎忘記了嘲笑我，我也漸漸恢復了正常……」Lena 回憶道。

雖然童年的痛苦已經過去，但那段無助、恐懼和沮喪的感覺卻在她心底悄然扎根，持續影響着她的生活。

「到了中學，我人緣其實 ok，周圍都有不少朋友，但不知為何，心底仍然害怕他們發現我的缺陷，害怕不被喜歡。為了掩飾這種不安，我開始打扮，想別人更喜歡我，畢竟人都是先看臉。到差不多 16 歲……認識第一個男朋友，每一次和他外出都花很多時間打扮，當時也沒有很轟烈，很純情，只是逛街看電影。後來其實……好似他慢慢疏遠我，分了手。本來沒有太激動，但之後我在 social media 看到他有新女朋友，好瘦好靚。我記得那一刻才是最崩潰，我開始瘋狂覺得自己不夠吸引，想減肥，變靚……之後一直到現在都唔過 100 磅，後來又真的是因為瘦同打扮，有朋友介紹我去拍廣告，做 show model. 讀完副學士出來工作，當時做 model 算不上非常紅，但一直有工作，生活過得不錯，當時心想可以等有機會再紅一點，沒有甚麼擔心將來。」Lena 向我說着自己的過去，從青春期開始，她就意識到外表吸引的重要，也覺得這是她的優勢。

「我明白了，你的外貌成為了你的一個優勢，讓你獲得了模特的工作……」我說。

職業的不穩定與焦慮

「是的，我一直覺得自己其實沒有優點，就是外表好看一點，才有工作才有人喜歡…… 但其實我越來越恐懼，就……（至今）分手大概……2 個月，突然發覺自己已經好老，是不是沒有人會喜歡？工作也是，這幾年經濟真的很差，現在年輕的品牌不會再找我，大的品牌亦沒甚麼機會。前兩年開始學其他同行做自媒體，拍 YouTube，但有 comment 說我的口齒不清，我真係超介意……說話真的不行，唔想再拍……」Lena 的目光低垂，身體微微捲曲，表現出她的缺乏安全感。

「然後呢？」我鼓勵她繼續分享。

分手後的空虛感

「我……我和前男朋友分手前已經成日吵架，又睡得很少，沒有胃口……分手大概一個星期，有一天我拍完硬照，同隊 crew 食飯，望住大家很開心在說笑，但我是很傷心、內心很崩潰的，好像覺得自己格格不入，覺得自己很多餘。當時我想，其實拍照這麼多 model 可以選擇，多我一個，少我一個都沒甚麼分別……當晚我……回家一直哭，睡不着，就吃了……大概 10 粒安眠藥……」Lena 的語氣當中帶着點羞恥，卻又無可奈何。

「能想像你當時感到很苦惱……你提到過吃了十粒安眠藥，當時你有意識到這是危險的行為嗎？」當發現個案有自殺危機，我先要確定她這個危機的程度。

「我知，但當時我真是很討厭自己，覺得自己多餘、無用、無力再改變，好像一直在一個深淵，無法掙脫，無人聽見我、看見我。」坐在面前的 Lena，蒼白、憔悴又無力。年輕的模特兒們總是用自信的微笑和閃亮的眼神吸引着所有人的目光，而她，已經 34 歲，卻感到自己像是被時光遺忘的存在。

「所以，你當時真的想離開這個世界？」我再次確認。

「嗚……」聽到這個問題，Lena 忍不住泣不成聲。

「我撐不住了……好辛苦！我唔想自己一個，沒有人理會……我覺得自己無人關心，想講又不知道該找誰……自己一個睡在床上，獨自一人躺在床上，我幻想着死後的葬禮上，來的人只是隨便看一眼，然後這個世界就再也沒有我了。但其實 no one cares! 大家好快回到正常生活……」或許，對孤獨的恐懼，遠大於孤獨本身，而我們越是恐懼的東西，越是會折磨自己。「當時我都好亂，好似呼吸不了，嚮 IG 出一個 story，大概講『bye bye world，我太累了，想好好道別，卻發現不知如何道別』」Lena 回憶。

我屏息靜氣，專注地觀察聆聽和觀察 Lena 的肢體語言，「嗯嗯，當你說的時候我能幻想到當時你的痛苦，心口像被壓住，思緒又很亂。然後呢？」我以輕柔的聲音去承載她掀開的痛口。

Lena 深深吸了一口氣，從抽搐的哭泣聲中緩一緩情緒再慢慢說：「……想不到一個合作過，但不太熟的同行立即打電話給我……我忍不住跟她說吃了安眠藥……她報警……」說到這裏，Lena 的委屈已無法壓抑，放聲大哭起來。

就是這一個 story 這個電話，救了 Lena 一命。在回家後，那個熱心的朋友除了和她聊天，還幫她找心理輔導，讓本來沒有想到求助的她，來到我的輔導室。

求助的突破

「我從來都沒有想過，亦不懂要求助。那個朋友説她曾經也很沮喪很抑鬱，所以看到我個 story 想都沒有想就打電話給我，她鼓勵我去處理情緒問題⋯⋯」因為淋過雨，所以會為人撐傘，這個朋友在適時為 Lena 提供支持，也耐心的鼓勵她尋求專業協助。

心理學家筆記

孤獨感對身心的影響

孤獨感被定義為當個體的社會需求在數量或質量上未得到滿足時所產生的一種不愉快的情緒體驗（Peplau 與 Perlman, 1983）。這是一種普遍存在的情感，偶爾的孤獨或許能提供沉澱思考的機會，但長期的孤獨感對心理健康卻有着深遠的影響。孤獨感往往伴隨着負面情緒，如抑鬱、焦慮和低自尊。Cacioppo 等（2010）指出，孤獨感的存在會使個體的情緒狀態惡化，並可能導致持久的心理健康問題。此外，長期的孤獨感會削弱情緒調節能力，增加負面自我評價的風險，進而影響自尊和自信心。Cacioppo 和 Cacioppo（2018）強調，孤獨感會使人對自身價值產生懷疑，從而影響心理健康和社會適應能力。經常感到孤獨的人，對社交的敏感度更高。另外，人際交往與溝通障礙亦與嚴重自殺行為密切相關。Levi 等學者（2008）的研究顯示，自我表露能力與感知孤獨感是預測自殺的獨特因素，其預測效力甚至超越精神痛苦程度（即抑鬱與絕望感）。

由此可見，Lena 在童年時期曾遭同學取笑，這讓她感到無助和恐懼，從而在與人交往時變得小心翼翼，害怕被別人不喜歡。縱然 Lena 長大後能結交到朋友和伴侶，但在 Lena 的心中，她仍是會因自信不足而害怕別人不喜歡她，從而過度依賴着對方。在情感上的失落，把她拉到抑鬱、焦慮和低自尊的狀態，繼而發生衝動的服藥行為。

誠然，除了對心理健康的影響，長期孤獨還可能對身體健康造成威脅。研究顯示，孤獨感與身體活動的減少相關（Hawkley, Thisted 與 Cacioppo, 2009），並且在其他實驗中證實了孤獨與心血管健康之間的關聯。當研究對象（無論是兒童、青少年還是 26 歲以上的成年人）的孤獨感程度越高，其在心血管系統和肌肉健康方面的風險也越大，例如 BMI 指數、收縮壓、總膽固醇、血紅蛋白濃度和最大耗氧量等指標（Caspi 等 , 2006）。

解說

自尊感的基礎與影響

自尊感是個體對自身價值的評價，簡而言之，就是「你有多喜歡自己」。高自尊感的人較能接納和喜歡自己，而低自尊感的人則容易對自己產生厭惡和批評。自尊感直接影響心理健康和社會功能。低自尊感和自我價值感的個體常面臨多重心理挑戰，當他們對自身價值的認知不足時，容易產生消極的自我評價，進而引發焦慮和情緒困擾。研究顯示，低自尊感顯著增加抑鬱症狀的風險（Sowislo 與 Orth, 2013）。

Lena 對他人情感支持的過度依賴源自她較低的自尊感。她認為「自己其實沒有優點，只是外表好看一點」，這使她在缺乏關係的情況下感到孤獨和焦慮。她的自我價值感過度依賴於外部的認可和他人的看法，而在成長過程中較少培養自我能力的提升，導致她在面對挫敗時無法有效應對。隨着年齡的增長和外部環境的挑戰，她對自己的能力和價值產生懷疑。自我價值感低的人因擔心被他人評價或拒絕，往往傾向於避免社交場合（Crocker 與 Wolfe, 2001），這種社交回避行為進一步加重了孤獨感，形成惡性循環，最終削弱了自尊。

覺察力與心理健康

心理問題的覺察力是指個體識別和理解自身情緒、行為及其背後原因的能力。這一能力對於心理健康至關重要，因為它促進個體對自身心理狀態的反思，從而有助於及時尋求支持和干預。研究顯示，較高的覺察力與更好的心理調適能力相關，能有效減少焦慮和抑鬱症狀（Keng 等, 2011）。這種覺察力幫助個人識別情緒波動並採取適當的應對策略。Brown 等（2007）的研究指出，正念冥想在提高覺察力方面具有顯著效果，能幫助個體在面對壓力時保持冷靜，並更清晰地認識自身的情緒反應。此外，覺察力還促進了自我接納，使人們能以更積極的心態面對自身的缺陷和挑戰（Germer 與 Neff, 2013）。

情緒覺察的缺失

然而，當 Lena 面對情感危機和職業困境時，未能及時意識到自己的情緒需求，並沒有採取任何積極行動，導致她在近半年內深陷負面情緒之中，使她的自殺危險從潛伏期到意念形成期，開始萌生「活不下去」的想法，最終一時衝動下作出了極端的自我傷害行為，服用過量安眠藥。雖然她未有明確的自殺計劃，這次的衝動行為亦表明她在面對壓力和絕望時缺乏健康的應對機制，在相對心理不穩定的狀態時，發生意外自傷的機會亦會增加。她的行為反映出深層的無助感，讓她感到自己被困在無法逃脫的深淵中，這種心理狀態極需及時的介入和支持。

自助五部曲

人生總有些高高低低，有時外在不可控的因素會給我們造成挑戰，這時候需要有效的心理資本和處理技巧，去協助我們過渡危機。以下從心理學的角度，提供5個實用建議：

1. 增加覺察

提高對自身情緒和行為的覺察是改善心理健康的重要第一步。可以用下列方法來進行自我反思，提升對自己和情緒的覺察

• **日記寫作：**辨識與命名情緒，每天花10至15分鐘記錄自己的情緒、想法和感受。寫下您在一天中不同的事件（ 寫一、兩件重要的），並思考這些情緒的觸發原因和相應的行為關係。這不僅能幫助您識別情緒的模式，還能讓您更清楚地了解自己的需求。

事件	情緒	想法	行為	是否負面自動化思考？	有改變 / 轉念的方法嗎？

一念間

• **正念冥想：**每天進行兩次 3-5 分鐘的正念冥想，專注在呼吸、專注於當下的感受，無論是身體的感覺還是情緒的波動。可以使用網上應用程序或在線資源來引導冥想，幫助您學會安頓身心。

1) **找到舒適的位置：**選擇一個安靜不被打擾的地方坐着，保持身體放鬆。雙腳平放，雙手可以輕放在大腿上。

2) **閉上眼睛：**輕輕閉上眼睛，讓自己感到安全和放鬆。若感到不適，您也可以選擇半閉眼睛，將視線柔和地落在前方。

3) **注意呼吸：**開始關注您的呼吸，感受空氣進入和離開您的身體。無需改變呼吸的節奏，只需觀察自然的呼吸。

4) **感受每一次吸氣與呼氣：**感受胸部和腹部隨着呼吸的起伏，注意空氣如何進入鼻子，然後慢慢呼出，感受放鬆。

5) **擴展注意力：**隨着呼吸的持續，將注意力擴展到全身，感受身體的每一個部位。從頭頂開始，慢慢向下掃描，注意每一部分的感覺。

6) **接納當下的感受：**無論是緊張、放鬆、疼痛或舒適，接受這些感覺，不要評價或改變它們。只是觀察，讓自己完全沉浸在這一刻。

2. 增加自尊和自愛

坦誠地面對自己的全部，多做**自我肯定**，例如選擇幾個正面的自我肯定語句，「我值得被愛」或「我擁有獨特的價值」，每天在鏡子前讀出這些句子，幫助自己內化這些正面信念。**自我關懷**，是一種重視自身需求和情感的行為，透過有意識地給予自己愛與支持來促進心理健康。這不僅包括照顧和滿足基本的身體需求，如健康飲食和充分休息，還包括給予自己時間來放鬆和享受生活。自我關懷也意味着接受自己的不完美，並以同理心對待自己的感受。這是一個持續的過程，能幫助我們在面對挑戰時保持韌性，進而增強自我價值感和自尊。

練習

每晚睡前對自己説三句自我肯定或自我關懷的句子，例如：

- 我覺察和關懷自己，選擇吃健康的食物和好好休息
- 我是一個有價值的人
- 我關懷自己的感受

3. 尋求社會支持

主動與信任的人**分享感受和困難**，告訴別人我們所經歷的挑戰，尋求他們支持。若不善與人分享，亦可以尋找當地或線上的支持小組，與面臨類似挑戰的人分享經驗，彼此鼓勵。又或者參與自己感興趣的活動，如藝術課、運動小組或志願者服務。這不僅能提升技能，還

能讓我們與他人建立聯繫，增強社會連結和增加自信。

練習

寫下身邊能支持你的朋友和支持小組的聯繫方法。

4. 訂立改變目標

首先為自己**訂立生活上的小目標**，如今天看一個 ted talk、為自己做一頓飯等，小目標有助我們容易執行，增加成功感和慢慢提升掌控感，從而建立改變的信心，更加喜歡自己。第二是**訂立短期目標**：例如，每月至少參加一次社交活動，或每天進行 30 分鐘的運動。這些目標應該具體且可衡量，讓您能夠跟蹤進展。

練習

每天小目標：

____

短期 2-3 個月的目標：

____

5. 尋求專業幫助

當感到情緒困擾無法自行處理時，尋求專業的心理諮詢或治療是非常重要的，選擇一位感到舒適和信任的心理學家或輔導員作**定期諮詢**，以獲得持續的支持和指導。在輔導中，我們可以深入探討自我價值感的根源，並學習有效的應對策略。

輔導後的改變

在輔導初期，心理學家的主要目標是協助 Lena 去渡過自殺的危機，減少其自傷的風險。Lena 雖有自殺行為，但她並沒有確定的尋死計劃，心理學家提供安全的空間和環境，和她共同建立輔導目標，協助當事人自由表達自己的情感和困擾。Lena 初時的狀態比較被動，亦恐懼被我批判，因此在慢慢讓她感到安全後，才通過不批判、同理和真誠的溝通去讓她感受到被無條件關懷、被理解和接納。在 Lena 成長的過程中，她總是不能放鬆地「做自己」，因此，積極的情緒支援能幫助 Lena 減輕孤獨感和絕望感。

誠然，許多自殺和自傷行為的根源在於消極的自我評價和絕望的思維模式。在輔導過程中，我幫助 Lena 識別這些負面情緒，並引導她重新審視自我形象和未來的期待。最關鍵的一步是提升她的自尊及應對壓力的技能。我們一起探索了實用的情緒調節和應對策略，使她在面對壓力與危機時，能夠選擇積極的行動，而非自我傷害或自毀行為。這些策略包括放鬆技巧、正念練習，自我關懷的培養，以及設定具體改變的目標。在經過半年的心理輔導後，Lena 成功地擺脫了自殺的危機，並為自己的生活訂立了積極向上的目標。她開始參加長跑訓練，並更加注重休息與飲食的營養，這一切都為她的精神狀態注入了正能量，讓她的生活煥發出新的活力。

改變的一念，是感到世間有愛、關懷與希望。

參考文獻

Brown, K. W., Ryan, R. M., & Creswell, J. D. (2007). Mindfulness: Theoretical foundations and evidence for its salutary effects. *Psychological Inquiry, 18*(4), 211-237.

Cacioppo, J. T., Hawkley, L. C., Berntson, G. G., Ernst, J. M., Gibbs, A. C., Stickgold, R., et al. (2010). Do Lonely Days Invade the Nights? Potential Social Modulation of Sleep Efficiency. *Psychological Science, 13*, 384-387.

Caspi, A., Harrington, H. L., Moffitt, T. E., Milne, B. J., & Poulton, R. (2006). Socially Isolated Children 20 Years Later: Risk of Cardiovascular Disease. *Archives of Pediatrics & Adolescent Medicine, 160*, 805-811. https://doi.org/10.1001/archpedi.160.8.805

Crocker, J., & Wolfe, C. T. (2001). Contingencies of self-worth. *Psychological Review, 108*(3), 593-623.

Sowislo, J. F., & Orth, U. (2013). Does low self-esteem predict depression and anxiety? A meta-analysis. *Psychological Bulletin, 139*(1), 213-240.

Germer, C. K., & Neff, K. D. (2013). Self-compassion in clinical practice. *Journal of Clinical Psychology, 69*(8), 856-867.

Keng, S. L., Smoski, M. J., & Robins, C. J. (2011). Effects of mindfulness on psychological health: A review of empirical studies. *Clinical Psychology Review, 31*(6), 1041-1056.

Levi, Y., Horesh, N., Ficshel, Z., Or, E., & Apter, A. (2008). Mental pain and its communication in medically serious suicide attempts: An impossible situation. *Journal of Affective Disorders, 111*(2-3), 244-250. https://doi.org/10.1016/j.jad.2008.02.022

Peplau, L. A., & Perlman, D. (1983). Loneliness: A Sourcebook of Current Theory, Research and Therapy. *Journal of Behavior Therapy & Experimental Psychiatry, 14*, 281. https://doi.org/10.1016/0005-7916(83)90066-6

Hawkley, L. C., Thisted, R. A., & Cacioppo, J. T. (2009). Loneliness Predicts Reduced Physical Activity: Cross-Sectional & Longitudinal Analyses. *Health Psychology, 28*, 354-363. https://doi.org/10.1037/a0014400

五、移民的抉擇：絕處也可逢生

文———郭倩衡

「當初我並不贊成移民，這樣做好像斷了自己的根，將一生建立的事業放棄，身份變得模糊；但漸漸發現自己適應力驚人，原來人到中年都可以歷奇，愛可以這樣無條件。」—— Tony

Tony，48 歲，已婚，太太是全職家庭主婦，兒子分別是 9 歲和 11 歲。他從事中學老師超過 25 年，於本地一所資助學校擔任數學科老師，收入十分優厚和穩定。唯早年因媽媽患癌及負責處理其他家庭成員債務，賣掉了自置物業，資產大減。兩名孩子均就讀直資學校，家庭有一定開支，主要由 Tony 一人維持，他一直努力工作，求一份安穩。Tony 說太太考慮到兩個兒子的升學機會，故想移民外國，尋找出路。一開始他覺得有點抗拒，畢竟人到中年，人生路不熟，放棄自己多年來的教育專業好像不太值得。他亦深明靠現時積蓄，絕對不足以退休，他確實不希望自己冒上這風險，所以斷言拒絕了太太。但經過一段時間，太太不斷強烈遊說，碰巧學校換上新校長，其要求令他有點吃不消，於是 Tony 也開始說服自己，可能移民也是一個出路。

最終他和太太及兩名兒子，移民到了一個從未踏足的國家，在申請過程中，一切只靠網絡或朋友提供資訊。Tony 說自己也不知道是哪裏來的勇氣，作出了這個決定。因為專業認證的問題，在當地不輕易立即做回老本行，暫時只能從事藍領工作。一路走來，他感到很沮喪，生活壓力巨大，與太太開始出現不少矛盾，他知道把所有責任歸咎太太也沒有用，因為移民最終是雙方的決定。但有一刻 Tony 開始覺得，其實一直以來，他生活根本不是為了自己，每一天也在「付出」和「照顧」，他覺得心很累。

Tony 的心結原來不是移民與否，而是他背起了整個家庭，默默付出，永遠將自己的需要放到最後。他身為家中長子，有一弟弟和一妹妹，父親在他初中時因車禍離世，剩下媽媽獨力照顧他們三兄妹。他一直覺得，他擔起照顧家庭的責任，義無反顧。媽媽患重病需要大筆醫藥費，弟弟生意失敗負債，他也一口答應幫忙。他只覺得，一家人齊齊整整，得來不易。

「你好，Tony。謝謝你今天預約了這次的線上面見，請問你之前有沒有試過面對面或網上方式的心理輔導服務？」Tony 在鏡頭另一方說：「我有試過使用這裏教會的 Counselling 服務，那次也是第一次求助，是面對面的，但礙於要説英語，我覺得無法好好表達自己，所以先想找廣東話服務。」Tony 經教會轉介，申請了線上的心理輔導服務，表達自己想處理情緒及家庭問題。

我特別謝謝他的信任，欣賞他了解自己的需要，積極面對。「那麼我也先講解一下輔導的流程及線上面見的注意事項，讓你安心使用服務。」Tony 表示其實他都不肯定心理輔導是否能夠幫助到自己，亦因為發生了太多事情，他也不知道從哪裏開始説起。故此，我先讓他了解一般心理輔導服務的流程，以及他的權益。更重要的是，有足夠的知情同意（Informed Consent），好能讓他安心分享。畢竟不是每個人也熟悉甚麼是心理輔導，更何況心理輔導在線上進行。

「首先，這次的線上輔導服務基本上與實體面見的流程大致相同，我作為心理學家會全程使用鏡頭，且在具私隱的房間內進行。這裏沒有錄音錄影，你也可以按自己的需要選擇應用視象、語音或文字輸入方式，隨意分享你的感受和問題。如在情況許可下，我也鼓勵你全程使用鏡頭，好使我能了解到更多你的狀態和情況。服務過程中對話內容絕對保密，除非你提及一些傷害別人或傷害自己的意途或危機，我們會在緊急情況下聯絡你的緊急聯絡人，以保障你的生命安全。」我慢慢為 Tony 解說。

於這個時候，Tony 在鏡頭前垂下頭，突然靜默下來，好像有點難以啟齒。我再問他是否有任何疑問，歡迎他提出。他再靜了一會兒，說：「我明白⋯⋯如果我同你講其實我好想死，你會唔會聯絡我太太？」Tony 在最初的預約和申請表格中，均沒有表示自己有任何自殺或自傷的念頭。面對他突如其來的問題，我並沒有感到驚訝，反而慶幸他一早提出，因為可以立即介入，評估風險。

「如果涉及到你生命安全，我會首先讓你有知情同意，通知你的緊急聯絡人⋯⋯而我見你也寫上了太太的名字，不如講多少少⋯⋯你擔心的是⋯⋯？」看起來，Tony 的確有着很多不同的心理掙扎，情緒雖然尚算穩定，只是要繼續了解，才能掌握他的自殺及自傷風險，而且，我也必須向他解釋有關保密的限制。於是，我也立即了解他說有關「想死」的意思。

內心的孤獨感

Tony 答:「我都不太肯定……上星期六我獨自駕車去買東西……上到公路……看到大貨車……我很想大力踏油門撞過去……」其實這段時間，Tony 不止一次，有想傷害自己及自殺的念頭，特別是在自己一人駕駛，前往工作的地方，他說是每當他感到孤單的時候，他有很重很重的無力感。他想過從公司天台跳下去、又有想過連人帶車衝下橋……他覺得可能自己死了，人壽保險的賠償也足夠三母子生活一段時間。

家庭矛盾與失落感

我續說:「看起來你最近經常出現傷害自己或想死的念頭……甚至怕自己有衝動行為……在剩下自己孤單一人的情況時，這念頭最常出現……這情況持續了多久?」Tony 娓娓道來,「一方面我會想，如果死了能夠解決問題，很好!另一方面，我知道自己再這樣下去可能真的會出事……我想像不到我太太及兩個小朋友怎面對……錢可能也不是一個最大的問題。」Tony 老實說，這情況都不是一朝一夕而來，他剛移民到這裏接近一年，近幾個月的確經常和太太有衝突，他很想逃離這裏，不覺得自己屬於這裏。他由在香港賺取一份中產的薪水，來到異國只能暫時到超級市場打工，收入只夠維持基本開支。又有一次，他唯一用來代步的私家車突然壞了，維修費用也不菲，但在這裏也不是隨意說買另一架二手車就可以解決。總之，他經常也有種屋漏兼逢夜雨的感覺，和太太也經常為一些小事或養兒方式起爭執。

我告訴他：「移民的決定的確不簡單，相信一直以來都經歷了很多……由開始計劃移民，申請籌備，計算財政狀況；是否離開成長地、工作的抉擇；如何與摯親商量、到埗安排，住屋、孩子入學需要；生計安排，文化適應……當中應該會有很多不同的感受，你可以慢慢告訴我，你經歷了些甚麼……？」Tony 開始分享有關自己移民的經歷，也同時慢慢談及自己的過去和成長。

他說在這大半年以來，放工後拖到最後一刻才回家，經常刻意超速駕駛，有時會想像自己遇到嚴重車禍，令他覺得生命如果能夠「即時 End Game」，也是不錯的選擇。他再次重覆，他不確定自己是否真的想自殺，只知道自己真的很累得累！

直到有一天，他竟然在外國遇上了一位前同事，對方淡淡然地說到即使經濟有壓力，但他也沒有後悔自己移民的決定，因為自己從前好像錯過了很多孩子的成長。現在生活節奏簡單了，孩子也多接觸大自然和戶外活動，很快適應新國度，身心也健康起來。這對話也提醒了 Tony，其實兩個兒子也很喜歡這裏的學校，他們適應得很好，為他來說，一切也得值得。他知道他不是想放下責任，他也很高興自己能陪伴兒子們成長，而是他從來不懂得愛自己，不懂表達自己的感受，只為他人無條件地付出。

父親的榜樣與情感的釋放

我問 Tony 其實你最嚮往的生活是甚麼？他深思了一會，答案就真的是簡簡單單，一家人齊齊整整的生活。然後他突然說了句，其實我很喜歡做一名父親，疼愛自己的妻兒，是他最大的成就。慢慢 Tony 說了很多這一年來一家人一起的新經歷，原來自己也解鎖了很多微小的成就，第一次駕駛超過 8 小時、第一次自己換車軚、第一次自己和兒子油牆、除草……言談之間，Tony 笑說：「原來我真的很勁！」

對父親深切的掛念

然後他說：「我的爸爸也很勁！」Tony 在視像鏡頭前突然靜默起來，有點哽咽說，「我很少告訴其他人，其實我很掛念爸爸！」很大可能，這份壓力的累積和抑壓，令他有意無意地「想起」了爸爸，甚至像他一樣遇到車禍，放下這些責任。

心理學家筆記

Tony 因為移民外國，生活壓力巨大，令他感到非常沮喪，並出現衝動的念頭，想了結自己。他放棄了自己的專業，在外國從頭開始，每天也質疑自己的決定，經常和妻子發生爭吵。這些變化讓他感到失去了身份，感覺自己沒有尊嚴，很想放棄了一切，身心俱疲。這些情緒讓他每天都在焦慮中度過，心中充滿無法釋放的委屈。在心理輔導的過程中，Tony 意識到，移民過程中帶來的身份混亂和適應挑戰雖然是無可避免，但他也佩服自己作出嘗試，一家人其實多了很多相處時間，他和太太也樂見兒子們在學習上的快樂。他的鬱結，其實是一種對自己作為照顧者身份的抑壓，寧願「有苦自己知」，正正是因為他是家中的大哥哥、丈夫、父親……他不希望逃避，但忽略了自己原來需要一個喘息。

解說

模糊性失去（Ambiguous Loss）

模糊性失去是一種複雜且難以言喻的情感經歷，通常是人們面對那些似有還無、患得患失的狀態。這種失去的特點在於，失去的對象或情感無法明確界定，造成心理上的困惑與痛苦。根據美國明尼蘇達大學的 Pauline Boss 教授於七十年代提出的理論（Boss, 2009; Boss & Yeats, 2014），模糊性失去可以分為兩種主要類型：

1. 物理失去，心理存在

這種情境下，物理的身體雖然無法接觸，但其存在感仍然持續。常見的例子包括：

- 親友去世但找不到遺體
- 長期被監禁或離家人士
- 離婚或分手後，依然對過去關係的依戀
- 移民他鄉生活，無法與家人經常見面

2. 物理存在，心理失去

在這種情況下，物理的身體雖然存在，但其心理或情感卻無法與他人連結。例如：

- 精神病患者，儘管人仍在旁，但心智卻不在
- 沉溺於某些行為或成癮，導致性格大變

模糊性失去的經歷通常讓人感到掏空，心痛得難以形容，就好像 Tony 移民的經歷，也屬其中一種模糊性失去。因為對於自己的事業和身份未能好好告別便急於離開，的確難以進行「哀悼」。再加上這些壓力讓他在潛意識裏掛念着已逝去多年的爸爸，渴望被保護的感覺其實一直存在，哀傷與懼怕沒被好好確認。久而久之，Tony 在情感上變得混亂，持續的生活壓力引發焦慮、躁鬱、內疚、退縮、無力感，甚至出現衝動行為或尋死念頭。他盡力去支撐着家中的一切，默默付出。在情緒低潮時，他會問自己到底在做些甚麼？他是否還能告訴他人自己曾是一名受學生愛戴的專業教師？還是要接受是一個為生活而掙扎的新移民？或者其實他是一個簡單生活的好市民、好爸爸和好丈夫！

模糊性失去並不是一種病，而是一種應對生活無常的心理反應。我們對於失落的反應也並非等如病態，而

是人類面對困境時的自然反應。我建議 Tony 接受「兩者皆可」（both/and）的觀點，放下「二元選擇」（either/or）的思維，即是說其實他的失去是真實和確切，但不代表他從此沒有希望，當哀傷被好好確認，失去與珍惜其實是可以繼續共存的。縱使生活艱難，但不代表他不能享受和家人的相處，且給自己機會和時間慢慢適應。

哀悼是持續的過程

「結束的迷思」（Myth of Closure）告訴我們，有些事情來一個「大結局式」的完結，看起來好像很完整和灑脱，但人與人之間的關係卻難以「被結束」（Boss, 2021）。即使肉身的分離，感情和關係仍在。思念或哀悼其實不會有真正的完結，告別是一個持續的過程，關係亦可以以不同的方式延續。當我們想念逝去的親人、懷緬過去、這意味着，我們也需要找到新的方式來處理這份悲傷和失落，並且重新定義與失去對象的關係。

移民身份與文化適應

Tony 的情況反映了新移民在適應新生活過程中常見的挑戰。這包括文化變遷（acculturation），即在新環境中調整自己的態度和價值觀，慢慢適應新的文化。這種適應過程可能帶來身份危機，尤其是當事人感到失去原有的社會地位和專業身份時。Tony 與太太的爭吵，可能源於共同面對移民後壓力和對未來的不確定感，所以二人坦誠的溝通也是修補關係的關鍵。長遠而言，文化的適應不會要求你放棄自己的身份，反之是熟習當地語言、融入當地文化之餘，也同時保持自己的民族文化，在新國度建立一個進化了的自己。

自傷的念頭

在輔導的過程中，首要處理的其實是 Tony 的衝動行為及自傷念頭，心理學家必須作完整的評估，了解他的自殺風險和安全網，清楚記錄他的緊急聯絡人資料。更由於因為是線上輔導，心理學家須保障當事人的私隱，及適時作出轉介，配合案主的需要。而 Tony 的自傷念頭，有機會源自他積壓的財政和家庭壓力，加上一直以來沒有學會有效的減壓和舒緩情緒的方法，使他未能有效釋放內心的憤怒和擔心。開快車的刺激感覺讓他短暫提升了腎上腺素水平，思緒會變得起伏，有時候更加會有狂躁的行為出現。因此，在開始駕駛前，Tony 必須平靜自己，了解到自己的壓力來源，維持安全駕駛。在輔導的過程，慢慢讓他知道其非理性行為有機會和從前父親的意外有關，這更讓他知道治標治本的方法，是好好處理那未完的憾事（Unfinished Business）（Greenberg 與 Malcolm, 2002）和傷痛。

自助五部曲

如果你正經歷與移民相關的衝擊，並發現自己身心狀況都出現問題，對生活感到迷惘或感到極為痛苦，你可以嘗試：

1. 應對模糊性失去

勇敢表達個人失落的故事，透過分享自己的經歷，可以讓他人見證這段旅程的得與失，有助於釋放抑壓的情感。當然是選擇一些合適且信任的人。其次，可以嘗試以讓自己心安的方式進行「悼念」，這些儀式可以成為情感釋放和連結支援的重要渠道。儘管模糊性失去的經歷艱辛，但透過這些適當的應對策略，當事人定能逐步走出困境，重新找到生活的希望與意義。

2. 水土文化的適應

在移民的過程中，身份的變化與文化的適應是無可避免的，無論是水土、語言、生活習慣皆各有不同。首先，接受這些變化是必要的。這一過程需要學會**放下過去的情感包袱**，無論是對於舊生活的懷念還是現在對自我身份的疑慮。逐漸適應新角色，並透過反思與自我對話，可以重新構建自己，找到生活的新方向，並在新的角色中尋找意義。

3. 了解家庭角色的壓力

無論作為父親、母親或子女，不同家庭崗位所面對的壓力和挑戰各有不同，有時的確難以表達自己的難處。尋找合適的支持系統，與他人分享自己的感受和遭遇，對於**釋放內心的壓力**至關重要。這可以包括與朋友、家人或專業心理輔導服務的對話。通過開放的溝通，你可以更好地理解自己的情緒，並獲得他人的理解與支持，這會讓你感受到不再孤單。

4. 創傷知情照料 (Trauma Informed Care)) (SAMHSA, 2014)

在心理學概念上，「創傷」(Trauma) 是一種主觀經歷，每人即使有近似的經驗，卻可以有着完全不一樣的感覺；如果處理得不好，更可以造成長遠的心理創傷，事關重大。過去的經歷和創傷可能會對心理健康造成深遠影響。學習健康的療癒和釋放是重要的一步。特別是處理童年時的創傷和心理陰影，必須經過專業人士的協助而進行。「創傷知情照料」(Trauma-Informed Care) 的概念讓當事人理解創傷 (Realize)、辨認創傷 (Recognize)、利用創傷知識做回應 (Respond)、以及防止再度受創 (Resist Re-traumatization)。

5. 提昇家庭抗逆力 (Family Resilience)(Chow 等 , 2022; Tang 等 , 2023)

在面對家庭經歷變遷時，夫妻及家庭成員之間的溝通尤為重要，**建立良好的溝通機制**和定期舉行家庭會議，可以增進彼此的理解和信任。在這些會議中，鼓勵雙方分享自己的想法和感受，並共同探討解決方案，這不僅有助於化解矛盾，還能增強情感聯繫及家庭抗逆力，讓大家在共同面對挑戰時更加團結。

輔導後的改變

在接受輔導過後，Tony 的身心狀態有顯著的改變。首先，他開始意識到自己過度承擔家庭責任，忽視了自己的感受。他也驚覺童年時爸爸的意外離世對他的深遠影響。他了解到照顧自己其實同樣重要，即使自己是男性，也可以有悲傷、無助的時候。Tony 在情緒表達上也有了很大的進步，同時也再沒出現自傷自殺的念頭。他不再將壓力藏在心中，而是勇於與太太分享自己的感受，大大改善了他們之間的溝通。

隨着心態的轉變，Tony 更加珍惜與家人的相處時光，假期時安排更多家庭活動，並鼓勵孩子們分享他們的想法，讓家庭支持的力量發揮得更大。他明白移民帶來的挑戰是成長的機會，於是設立了不同的生活小目標，包括認識附近的社區和當地的新朋友，尋找適合自己的工作和發展興趣，讓生活變得更有意義。

Tony 對於移民生活的適應能力大大增強。他不再懼怕挑戰，而是將其視為自我成長的一部分，逐漸享受新環境帶來的驚喜。學會居安思危、處變不驚。此外，他開始以更積極的心態看待生活中的困難，不再留戀於過去，而是期待未來的可能性，這讓他感到更為踏實。當然，他也期待過幾年後可與家人回港探親友，也讓他好好細味他對成長地的感情。

改變的一念，是猛然回首，看到一家人齊齊整整，實在得來不易。

參考文獻

Boss, P., & Yeats, J. R. (2014). Ambiguous loss: A complicated type of grief when loved ones disappear. *Bereavement Care, 33*(2), 63-69.

Boss, P. (2009). *Ambiguous loss: Learning to live with unresolved grief.* Harvard University Press.

Boss, P. (2021). *The myth of closure: Ambiguous loss in a time of pandemic and change*. WW Norton & Company.

Chow, T. S., Tang, C. S. K., Siu, T. S. U., & Kwok, H. S. H. (2022). Family Resilience Scale Short Form (FRS16): Validation in the US and Chinese Samples. *Frontiers in Psychiatry,* 13.

Greenberg, L. S., & Malcolm, W. (2002). Resolving unfinished business: Relating process to outcome. *Journal of Consulting and Clinical Psychology, 70*(2), 406.

Substance Abuse and Mental Health Services Administration(SAMHSA), (2014). SAMHSA's concept of trauma and guidance for a trauma-informed approach. *HHS Publication No. (SMA) 14-4884*. Rockville, MD.

Tang, C. S. K., Siu, T. S. U., Chow, T. S., & Kwok, H. S. H. (2023). The role of family resilience and pandemic burnout on mental health: A two-wave study in China. *International Journal of Environmental Research and Public Health, 20*(5), 3803.

六、被遺忘的付出：誰來照顧照顧者？

文——余鎮洋

「我以前總覺得，如果我不做，就沒有人會做。直到現在，我才明白，原來我不必一個人承擔所有。」—— 美蓮美蓮過去 8 年一直獨力照顧患有多項長期病患（包括高血壓、糖尿病、腎功能衰退及行動困難）的 86 歲母親。父親於十年前離世，母親其後因在家中跌倒，喪失獨立生活能力，自此需長期照料。美蓮一直奔波於醫院、公營醫療系統與繁重的日常照顧工作之間，身心俱疲，壓力沉重。

作為家庭中主要的照顧者，美蓮的內心長期糾纏於愛與恨的矛盾情感之中：一方面，她感激母親昔日無條件協助照顧一對孖生兒子；另一方面，卻亦難以釋懷母親多年來對兄長的偏愛、視她為「外嫁女」、並以責備與冷淡相待。這些未曾被肯定的經歷，加上反覆的情感忽視與角色不對等，逐漸侵蝕她的自我價值，令她陷入深層的自我否定與罪疚之中，甚至一度浮現結束生命的念頭。

目前，美蓮的情緒狀態以內疚與絕望為主，心理壓力已近臨界點。雖未出現具體的自殺計劃或行動意圖，惟其潛在風險不容忽視。輔導工作將聚焦於協助她辨識壓力源，重建內在資源，並發展實際可行的情緒調節策略，例如重新詮釋照顧者角色的意義、梳理情感矛盾，並強化她與家人的情感聯繫，作為支持網絡的重要資源。後續輔導將持續關注其心理狀態，透過促進情感表達、自我照顧與家庭支持系統的介入，協助她逐步恢復生活的掌控感與心理穩定性。

美蓮坐在心理輔導室內，緊握手中的紙巾，臉上表情平靜。58 歲的她，出生於一個有四兄弟姊妹的家庭，排行第三，自幼便深切感受到自己在家中的角色彷彿是「可有可無」。

過去的委屈和心酸

「其實，我從小已感受到家庭裏的不公平……照顧媽媽到現在，都似乎是理所當然由我一人承擔。」美蓮低聲道，語氣壓抑，眼眶泛紅，「每年兩位哥哥生日，嫲嫲或媽媽都會預備最好的菜為他們慶祝，雞髀、燒味、湯水樣樣齊備。至於我和妹妹，就從未有過有一次『正式』生日飯。」她停了一下，似是在回想過去的記憶，「我曾經幻想過，若果我和妹妹也能像哥哥們一樣被重視，媽媽能公平一點，也許今日的我會有所不同……但現實總是一再提醒我，我始終只是那個最容易被遺忘的人。」

我靜靜聽着，感受到她內心長年累積的委屈與不平，輕聲回應道：「這種從小到大的落差與忽視，對你來說一定帶來很深的痛苦。尤其當你如今成為母親的主要照顧者，那種落差或許更加強烈。」

美蓮垂下頭，眼中泛着淚光。「過去幾年，我不單要照顧自己的家庭，還要照顧媽媽。」她聲音微微顫抖，「我嫁了一位家境普通的丈夫，他性格不錯，也盡力照顧家庭，收入雖然不高，但我們生活總算勉強過得去。」她輕輕嘆了一口氣，續道：「相比之下，我哥哥和妹妹的經濟條件都較為寬裕，他們給媽媽的家用比我多很多。妹妹嫁了一位富裕的丈夫，每月都固定匯款給媽媽，金額可觀；兩位哥哥則負責支付全部醫療開支。」她再次嘆氣，語氣更顯低落，「而我，連自己都照顧得緊絀，根本無力負擔太多。正因如此，在這個家庭中，我總覺得自己毫無地位，說話也沒有份量。」她吸了一口氣，語氣低落：「既然出不到錢，我就只能出力做『跑腿』。陪診、拿藥、買餸、入院時的陪伴，全部都是我一手包辦。兩位哥哥從不現身，妹妹也從未親自陪媽媽見過一次醫生，只會在電話中表示關心。」

「這樣的情況對你來說，一定讓你感到極大的負擔。」我說道：「你一直在為家庭付出，但卻沒能感受到回報。」

母親的不平等對待

美蓮輕輕點了點頭，接着說：「有一次，我陪媽媽覆診後回家，她竟然把哥哥不來探望的氣都發洩在我身上，她甚至說我陪她只是為了圖謀遺產⋯⋯」她的語速開始加快，情緒逐漸波動起來。「媽媽她一手拿出遺囑遞給我看，說她有四套物業，已分給兩位哥哥，每人兩套。我和妹妹只是外嫁女，在她眼中早已是潑出去的水，所以不應得任何東西。」她停頓了一下，聲線微微顫抖：「我住在公屋，生活艱難，妹妹嫁得好，至少有能力出錢。而我，一直默默承擔照顧的責任，無怨無悔，卻最終被一句『你是外嫁女』全盤否定了所有的付出與存在價值。」

我感受到她的情緒再次被激起，這些情感壓抑的記憶一度讓她無法承受。「美蓮，這樣的情況讓你感到非常委屈，對嗎？你覺得自己總是被忽視，而其他人卻能得到更多。」我微微俯身向前溫柔地問。

美蓮輕輕點頭，兩滴眼淚隨即滑落臉頰，「我真的非常疲累。」她的聲音低而顫抖，「每次看見兩位哥哥沒有出現，媽媽總會將怒氣發洩在我身上說『我兩個兒子都不來，你來做甚麼？』那一刻，我的心像被刺穿，我回應她：『我也是你的女兒，為甚麼你總是這樣不公平？』」她語氣開始激動起來，「有一次，我真的無法再忍耐，對着媽媽說：『你心裏只有兩個兒子，你根本從來沒有把我當人看待，不如你早點死去！』」話一出口，她自己也呆住了，聲音也隨之低沉下來。「我知道，這句話非常過火，但當時我真的忍無可忍。我一直陪伴她、照顧她，為甚麼她卻對我如此不公平？」

內心的矛盾和混亂

我聽着美蓮的話，心裏為美蓮感到沉重。「美蓮，我能夠感受到這些年來你所承受的巨大痛苦，尤其是作為母親的主要照顧者，你的付出與承擔是沉重而長久的。」我語氣平和而認真，眼神堅定地望着她，「在這些經歷之中，你的內心世界，是怎樣的一種感受呢？」

美蓮眼神垂落，聲音抖動地說：「其實，我曾經有過想要結束一切的念頭。」她的語氣低沉，流露出無力與無奈，「這些年來，我真的非常辛苦。每日為母親奔波，不但得不到體諒，反而不斷遭受指責。」她略作停頓，聲音變得輕微，「有時，我真的覺得，如果一切就此結束，也許會比較輕鬆。這份愛恨交纏的情緒令我非常痛苦，我憎恨母親的偏心，但同時又覺得這種憎恨是錯的。畢竟她曾經無條件地幫助我照顧孩子，我心裏知道，她對我也有恩」她聲音越來越微弱，「我感到非常矛盾，內心一片混亂，很多時候真的覺得自己再也承受不來。」

聽到這些話，意識到美蓮的情緒已經達到一個臨界點。作為輔導心理學家，我知道這刻必須審慎地評估她的情況，並確保她的安全。

「美蓮，我很感謝你願意坦誠地與我分享這些心底話。你的感受非常真實，也十分沉重。這些情緒壓力日積月累，的確會令人無法負荷。我想了解多一點，這些念頭出現的時候，你會否有具體的計劃或行動？」我輕聲問道。

思考結束一切的念頭

美蓮的眼神變得迷茫，她垂下頭，輕聲回應：「有時候我會想，我可以怎樣做，才能不再受苦。好多次都想：『很累了，不如死咗算！』不過，一想到若我真的這樣做，就等於放棄了其他人，我又會覺得內疚。我更加擔心，如果我不在了，媽媽便真的沒有人照顧……所以我只是想一想，沒有真的去做。」

我語氣溫和地回應：「我聽得出來，這些年來，即使面對母親的苛責，你仍是一位忠誠的照顧者，守在媽媽身邊，不離不棄，可見無論經歷多少辛酸，媽媽對你來說，依然是一個重要的人。」

美蓮沉默地點了點頭，眼神低垂，沉默約半分鐘後，她終於緩緩開口：「那種感覺很複雜……既有怨恨，也有感恩……當中亦有責任，但我想，最終還是一種身教。我希望透過自己的行動，讓我一對孖生兒子明白，甚麼是孝順，甚麼是家庭。」

向兒子尋求情感支持

在那一刻，我進一步體會到，儘管美蓮曾經歷過自殺的念頭，但她之所以仍堅持下去，似乎與她對照顧母親所寄予的家庭意義密不可分。她暫時並沒有具體的自殺計劃或行動，其當下的情緒狀態較偏向深層的傷痛、怨恨與自我否定，而非立即的自殺衝動。當然，這並不代表可以忽視當中的風險。因此，我進一步展開風險評估，並以溫和的語氣詢問：「當你情緒低落的時候，有甚麼事情能夠稍為舒緩你的情緒？例如你剛才提到的兩位兒子，你會否選擇向他們或其他值得信賴的人傾訴你的感受？」

美蓮沉思片刻後，緩緩開口：「我兩個兒子現在都長大了，他們快將大學畢業。我有時候會向他們傾訴自己的辛苦，他們也開始懂得安慰我。」她的語氣稍為放鬆了些，眼神裏透出幾分溫柔，嘴角輕輕上揚，「在那些時刻，我會感覺到內心不再那麼沉重，舒服一點。」

我點點頭，溫和地回應：「這份與兩位兒子的情感連結，是很寶貴的支持資源。我們可以一同思考，如何讓這份支持變得更穩定和強大，同時也可探索其他可能的方法，幫助你在困難時刻有更多依靠的力量，陪伴你一步一步走出目前的困境。」

心理學家筆記

在香港，像美蓮一樣的照顧者不僅限於照顧長者，還包括照料患有特殊教育需要（Special Educational Needs；SEN）子女、智障人士、精神病患的家屬、配偶，以至兄弟姊妹。隨着香港人口老化及醫療資源日趨緊絀，「居家照顧」已成為社會的主流模式。然而，大部分家庭照顧者均未曾接受專業訓練，亦普遍缺乏情緒及社會支援，使他們極易陷入所謂的「隱形壓力陷阱」。根據香港社會服務聯會於 2021 年發表的《照顧者喘息需要研究》報告，粗略估算香港現有照顧者人數約達 112 萬人，照顧對象涵蓋長期病患者、殘疾人士以及長者。當中近半數照顧者每星期的照顧時數高達 71 小時或以上，此比例遠超同期英國、美國及中國內地的 0.2% 至 0.8%。報告亦指出，超過一半照顧者因欠缺適切或合適的支援服務，致使難以暫離照顧崗位，無法獲得喘息空間；當中僅有 27.6% 的照顧者對其日常生活時間的分配感到滿意，另有近四成表示需獨力承擔照顧責任，並自評身體及精神狀況為「差」或「非常差」，反映其身心壓力及疲憊程度嚴重。上述數據清晰反映，照顧者的精神健康狀況面臨着嚴峻挑戰。

解說

照顧者壓力與情緒風險

Lazarus 和 Folkman（1984）所提出的壓力與應對理論（Stress and Coping Theory）指出，壓力並非僅由事件本身決定，而是取決於個人如何評估事件，以及該事件對個人可動用資源的需求程度。當一個人所面對的生活要求（例如工作量、責任、照顧他人）超出了自身可用的資源（例如金錢、時間、社會和情感支持），且個人未能有效地應對或調適時，便會產生嚴重的心理壓力。這種心理壓力長期積累，容易誘發情緒困擾，例如焦慮、抑鬱，甚至絕望感。

這種情況尤其適用於長期承擔繁重照顧責任的照顧者，他們普遍缺乏足夠的經濟援助、家庭與社會支持、以及有效的心理調適技巧，因而日益感到沉重的壓力，逐漸耗盡個人心理資源，使其心理健康持續惡化。美國

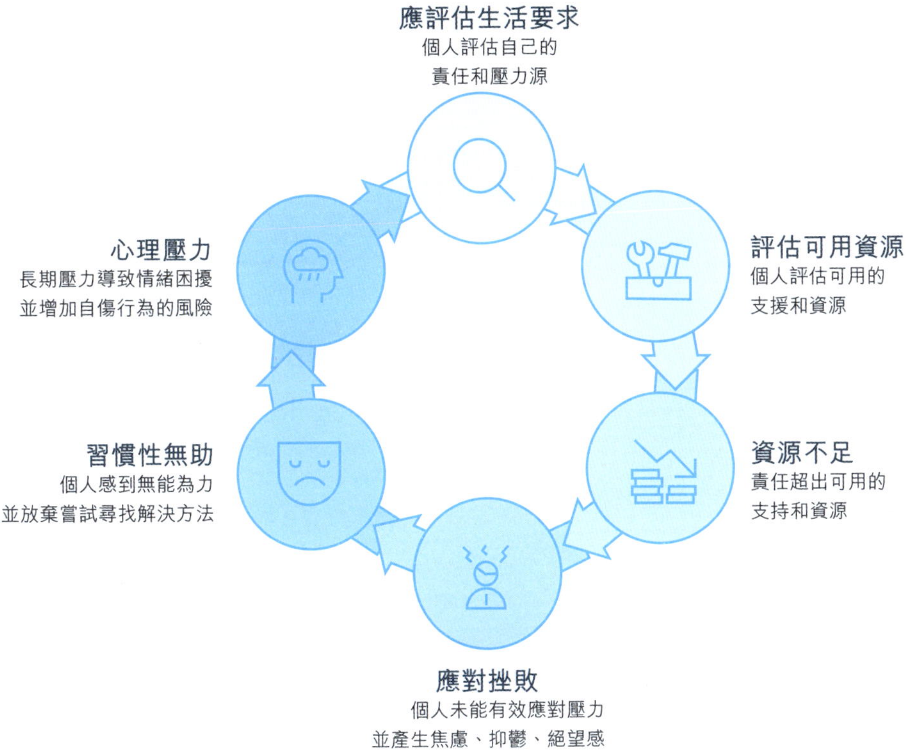

應評估生活要求
個人評估自己的
責任和壓力源

評估可用資源
個人評估可用的
支援和資源

資源不足
責任超出可用的
支持和資源

應對挫敗
個人未能有效應對壓力
並產生焦慮、抑鬱、絕望感

習慣性無助
個人感到無能為力
並放棄嘗試尋找解決方法

心理壓力
長期壓力導致情緒困擾
並增加自傷行為的風險

照顧者壓力循環

心理學家 Seligman（1975）提出，當個體長期處於反覆失敗或無法掌控的負面情境下，會逐漸形成一種習得性無助（Learned Helplessness），即個體逐步產生「無論如何努力也無法改變現況」的信念，最終放棄嘗試改善處境，並進一步陷入抑鬱與絕望。若這種情緒狀態未能及時紓解，將大幅增加照顧者精神健康惡化甚至自傷行為的風險。

家庭角色衝突與性別期望

在華人社會，即使當代社會性別平權觀念日漸普及，傳統「重男輕女」的文化觀念依然根深蒂固，家庭中的性別角色分工仍普遍存在。女性常被視為理所當然的主要照顧者，而男性則因掌握經濟資源，在家庭決策中享有較大話語權。即使女性長年承擔照顧責任，卻未必獲得相應的肯定與尊重，這種角色不對等的情況，容易導致情緒壓力與長期無力感的積累。這樣的家庭權力與互動結構，正與美國家庭治療學者 Bowen（1978）所提出的家庭系統理論（Family Systems Theory）相呼應，該理論指出家庭內部角色的分工與權力分配，會深刻地影響家庭成員的情緒與行為表現。

在香港，有八成照顧者為女性（生命熱線，轉引自明報健康網，2025），顯示女性作為主要照顧者的文化仍非常普遍。許多女性照顧者在應付家庭日常之餘，需同時照顧年邁父母（包括伴侶的父母）與年幼子女，形成「夾心一族」的雙重負擔，她們亦常經歷自我價值感低落、自責與持續心理疲憊的情況（Chan 等 , 2024；Holroyd, 2005）。有調查報告指出超過七成女性照顧者認為生活壓力沉重，三成出現抑鬱情緒，當中近兩成人曾出現自殺念頭（生命熱線，轉引自明報健康網 , 2025），反映出女性照顧者長期處於高壓與孤立的心理狀態。

此外，女性照顧者的情緒困擾亦往往受多重心理與社會因素交織影響。Tang 等人（2025）的研究指出，自我污名化（Self-stigma）、家庭復原力（Family Resilience）與照顧者需求（caregiver needs）三者之間存在明顯的交互作用。在自我污名化程度較高的情況下，即傾向內化「照顧不夠好就是失職」的信念，即使家庭復原力強，但當照顧者需求亦高時，女性照顧者反而會出現更嚴重的情緒倦怠（burnout）。這說明，即使照顧者獲得家庭支持，若未能處理內在壓力與負面自我評價，情緒困擾仍可能惡化。尤其在傳統觀念的影響下，女性照顧者往往擔心主動求助會被視為「不夠堅強」或「推卸責任」，更容易陷入長期的心理壓力、孤立與自我懷疑之中。

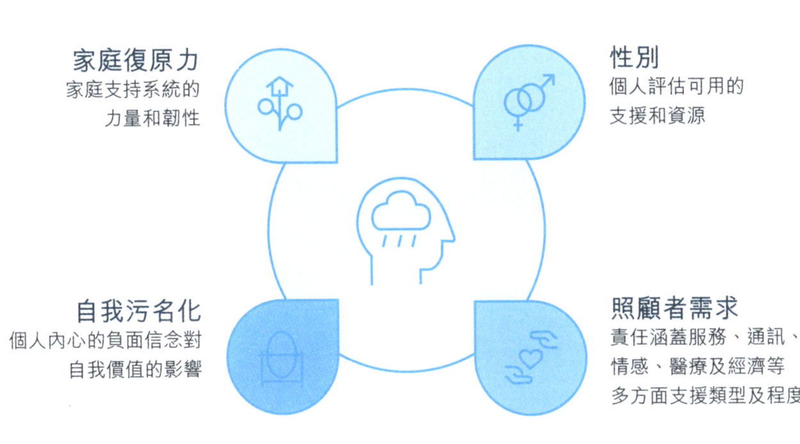

影響照顧者情緒困擾的因素

綜合以上理論，美蓮的情況屬於典型的高風險照顧者。她多年來獨力照顧患有多項長期病患的年邁母親，卻因自身女性的角色，被家庭視為「外嫁女」，甚至失去遺產繼承的資格。由於經濟資源缺乏，她在家庭中的話語權顯著較低，加上母親偏心哥哥及不時對她作出指責，使她不僅感受到被忽視，更持續地否定自己的價值。這種角色衝突和性別期望所帶來的自我價值感低落、自責及無力感，與華人社會中傳統的性別角色分工有着密切關聯。

從照顧者壓力的視角，美蓮的情況顯示，她所承擔的照顧需求遠超其所能調動的個人資源（經濟、時間與情感支持），導致嚴重的精神疲累和長期的情緒困擾。此外，她長期面對母親的冷淡與指責，並將自己視為「外人」，逐漸內化負面自我形象，產生高度的自我污名化。即使美蓮能獲得丈夫和兒子的家庭復原力支持，這份自我污名化與龐大的照顧者需求依然使她的心理負擔沉重，倦怠程度持續加劇。

長此以往，美蓮陷入習得性無助，感到無法改變現狀，逐漸產生絕望感甚至自殺念頭。然而，目前她並無具體自殺計劃，其情緒以長期壓抑、精神疲憊及內疚感為主，並未達到即時自傷的臨界點。儘管如此，若缺乏適時有效的心理支援與應對策略，風險依然存在。

因此，針對美蓮的輔導，應以處理情緒疏導及照顧者壓力管理為核心，透過重新檢視及理解其照顧角色的意義，逐步重塑家庭關係、增強與丈夫及兒子之間的情感支持及連結，並協助她重建自我價值與內在的心理韌性，從而預防進一步的心理惡化。總括而言，要有效支援像美蓮這樣的女性照顧者，社會不僅要在制度和服務層面提供更全面的支援，亦必須協助她們從文化觀念、家庭角色與內在情感之間的矛盾與掙扎中釋放出來，重新建立個人價值感與心理健康。

自助五部曲

若然你像美蓮一樣是一位家庭照顧者，你也可能長期承受着來自家庭、社會及內心的壓力。你的角色可能被視為理所當然，以致你逐漸忽略了自己的價值與需求。以下五個步驟能幫助你紓緩情緒壓力，重新檢視自己的角色與價值，逐步建立內心的穩定與堅韌，從而更好地照顧自己與家人。

1. 重新理解照顧的意義：從義務轉向選擇

長期的照顧工作很容易讓人感到疲憊，甚至迷失原有的生活意義。要改善這種情況，首先要重新理解自己照顧的角色，從單純的義務轉變成有意義的選擇，賦予自己的付出更正面的意義。

練習

安靜下來，回想自己最初為何承擔照顧責任，然後問自己：「現在繼續照顧，對我有何意義？有哪些價值是我真心重視的？」將這些意義寫下來，作為提醒自己的動力，重新掌控生活的方向。

2. 建立積極的內在對話：善待自己

作為照顧者，你可能經常在內心責怪自己做得不夠好，這種負面自我批評會削弱你的心理資源，讓你更容易疲憊。學習以更溫和及體諒的方式與自己對話，建立內心的平靜與支持。

練習

每當你責備自己時，停下來並嘗試將這些批評轉為鼓勵。例如，把「我甚麼也做不好」改為「我已經盡力做到最好，我值得肯定和休息」。以支持自己的語言與自己對話，逐步改善內在情緒狀態。

3. 重新理解照顧的意義：從義務轉向選擇

許多照顧者過於專注家人，而忽略了自己的身心需要。自我照顧是心理健康的基礎，適時的休息與放鬆，才能為你補充能量，以面對未來的挑戰。

練習

每天預留至少 20 分鐘的私人時間進行放鬆活動，例如散步、閱讀、聽音樂或簡單冥想。持續建立自我照顧的習慣，為自己定期充電，提升整體心理韌性與幸福感。

4. 強化家庭連結：你不是孤單一人

許多照顧者因長期獨力承擔責任，產生被孤立的感覺。然而，家庭中的其他成員，例如伴侶、子女和親友，可能都願意給予支持，只是一直沒有主動溝通。嘗試與家人分享你的感受，建立更緊密的連結和支持。

練習

主動與家人例如伴侶、子女、或值得你信賴的家人與朋友分享你的心情，例如：「媽媽最近真的感到很疲倦，希望得到你們的支持。」清晰表達自己的需要，讓家人了解你的狀態，並共同分擔照顧的責任，減輕你的負擔與孤獨感。

5. 強化尋求社區資源：你不是只能靠自己

在照顧的路上，你並不孤單。隨着社會對照顧者需要的關注增加，越來越多社區資源正默默地為你守候。無論是情緒支援、短暫照顧，還是生活上的實際協助，這些資源的存在，是希望讓你在疲憊之中，亦有歇息與喘息的空間。記住，尋求支援不是懦弱，而是一種對自己溫柔的智慧。

練習

試着主動了解自己社區內可提供支援的服務，不論是資訊、陪伴、還是協助的可能性。你可以從一通電話、一次詢問或一次分享開始，讓自己慢慢習慣把「我需要幫助」説出口。若你不確定從哪裏開始，也可致電香港社會福利署的照顧者支援專線 182183，尋求協助與指引。即使只是踏出小小一步，也足以為你的照顧經歷注入新的支持力量。

輔導後的改變

在約四至五個月的輔導歷程中，美蓮一共參與了十二節會面，每隔一至兩星期一次。由起初的孤立、壓抑與無助，到後期逐步學會辨識情緒、覺察個人需要、建立界限，並逐漸學懂主動尋求支援，情緒亦逐漸穩定。這一轉變，不僅令她的情緒逐漸穩定，更讓她重新建立起與家人的連結。

在一次面談中，美蓮低聲説道：「我以前總覺得，如果我不做，就沒有人會做。直到現在，我才明白，原來我不必一個人承擔所有。」她的語氣雖輕，卻多了一份堅定。「我發現，自己過去總怕麻煩別人，結果一直沉默不語。其實只要開口，別人並不會如我想像中那樣抗拒。我開始會開口請丈夫幫忙，而兩位兒子也會主動問我累不累。有一次我身體不適，他們竟然自己相約，陪婆婆去覆診。那一刻，我感到從未有過的支持。」

隨着丈夫在家務與照顧事務上的分擔，以及兒子們情感上的理解與體貼，美蓮漸漸卸下肩上的重擔。她亦在輔導鼓勵下，聯繫社區的照顧者支援服務，並定期參與由社區中心舉辦的照顧者聚會。「以往我總以為，照顧是我應盡的責任，但現在我明白，適時停下、尋求幫助，並不是逃避，而是一種讓自己繼續前行的智慧。」

當我問及，如今面對母親的責備時是否仍感到無助，她微微一笑，答道：「媽媽的脾氣始終如一，當然仍會責怪我，但我已不再像以往那般在意她的話語。因為我明白，問題從來不在我，而在於她從未學懂如何欣賞我的付出與忠誠。現在的我，有丈夫、有孩子，也有一群願意與我同行的照顧者夥伴，他們懂得欣賞我的努力與價值。我已不再孤軍作戰。」

美蓮的轉變，不單來自於輔導中情緒的抒解，更重要的是，她在這個過程中重新認識自己、理解照顧的意義，並重建與家庭及社區的支持網絡。當中的轉變，正展現出心理輔導的深層價值 — 讓人在漫長而艱難的照顧歷程中，重拾被忽略的自己，學懂在承擔與付出之餘，亦值得被理解、被支持、被好好照顧。

改變的一念，是意識到自己不必扛下所有，懂得求助是對自己的溫柔。

Chan, C. Y., Lai, R. Y. S., Hoi, B., Li, M. Y. Y., Chan, J. H. Y., Sin, H. H. F., Chung, E. S. K., Cheung, R. T. Y., & Wong, E. L. Y. (2024). The effect of dwelling size on the mental health and quality of life of female caregivers living in informal tiny homes in Hong Kong. *BMC Public Health, 24*(1), 2578-18. https://doi.org/10.1186/s12889-024-19915-7

Bowen, M. (1993). *Family therapy in clinical practice*. The Rowman & Littlefield.

Holroyd, E. (2005). Developing a Cultural Model of Caregiving Obligations for Elderly Chinese Wives. *Western Journal of Nursing Research, 27*(4), 437-456. https://doi.org/10.1177/0193945905274907

Lazarus, R. S., & Folkman, S. (1984). *Stress, Appraisal, and Coping*. Springer.

Tang, C. S.-K., Yu, I. C.-Y., Ng, K. H., & Kwok, H. S.-H. (2025). An ecological approach to caregiver burnout: Interplay of self-stigma, family resilience, and caregiver needs among mothers of children with special needs. *Frontiers in Psychology, 16*, Article 1518136. https://doi.org/10.3389/fpsyg.2025.1518136

明報健康網。(2025 年 4 月 7 日)。照顧者調查：受訪八成女性 逾半每周照顧 21 小時 護老者四成「高負荷」有抑鬱焦慮。檢自 https://health.mingpao.com/ 照顧者 - 調查 - 受訪八成女性 - 護老者 - 高負荷有抑鬱焦 /

香港社會服務聯會（2021）。《照顧者喘息需要研究報告》。檢自：https://www.hkcss.org.hk/upload/pra/ 照顧者喘息需要研究 _ 調查結果報告 .pdf

一念間

七、無聲的痛苦：15 歲男孩的獨白

文———黃家盈

「原來，就算唔完美，都值得被聽見，被記住。原來，我都可以慢慢學識照顧自己，唔洗再靠傷害自己去證明存在。」—— 子銘

15 歲的子銘，性格內向寡言，自小不擅社交，在小學未有交到朋友。升上初中後，情況更為嚴重，更被標籤為「怪人」，遭遇排擠及同學莫名的嘲笑，經常一人獨處。中三時曾出現第一次自殘行為，當時在家中房間用鎅刀劃手，並無主動求助，只是當時被母親無意中發現，簡單處理傷口後未有進一步跟進。其後學校社工介入，但由於子銘未願意深談，只能對其他同學作介入，停止對子銘的欺淩。升上高中後，同學雖然未再針對他，但孤立感仍然存在，他說「全班好像只有我一個人是透明」。

子銘的父母亦不善溝通，長期忙於工作中，眼見子銘的成績中規中矩，便沒有多干預他的校園生活，亦較少關心他的社交圈子。班主任形容，子銘的父母認為只要他的成績能否順利通過 DSE 考試升上大學，將來就會有出路，將來會有其他機會認識朋友，他的姐姐也性格也是比較文靜，到外國升讀大學後也過得不錯，故此認為子銘只是懶惰不想讀書，不是情緒有問題。這種長年累積的不被理解、孤獨感，與無價值感，讓他每日都覺得活着是一種煎熬，在中四上學期，子銘再次鎅手，並被老師發現。他曾說：「我不想死，但我不知道可以怎樣撐下去。」對他而言，鎅手並非為了博取關注，而是他唯一知道可以「令腦袋靜一靜」的方法。在傷口的痛中，他感受到一刻的沉默，那是外界否定聲音暫時停頓的瞬間。這亦是他情緒調節策略貧乏、自我價值低落和支援系統缺乏下，最直接而極端的自我安撫方式。

子銘走進輔導室，我跟他打招呼，介紹自己，他沒有與我有眼神交流，只會微微點頭，有點像做錯事等待被批評的孩子。問他知不知道為甚麼我們會見面，坐在房間最遠的角落的他搖搖頭。

「子銘，今次學校叫你來見我，是因為有老師見到你手臂有傷痕，大家都好擔心你，想了解你發生甚麼事，我們有甚麼可以幫到你。」我說。

有如許多被轉介過來的個案，子銘與我第一次會面並非他意願所然，因此，我把語氣放得特別慢，好讓他慢慢適應。「或者你未必想講太多，又或者不知道要講甚麼，但以下這一節是你的時間，只要你想，我會在這聽你分享……」

子銘開口的第一句是喃喃自語的：「又是象徵式做個樣。……」這個高中生的語氣中透露出點點不屑，我觀察着他，不經意看到他手臂上的疤痕。

「你認為安排你和我見面，只是象徵式？」我看着他，輕聲問。

子銘沒有回應，抬起眼望着我幾秒，又再垂低頭。

「no body cares……都唔會有人真係想知。」他搖着頭說。他的意思是他不在意這次「象徵式」的會面，同時也是沒有人在意，他真正的感受。

「心理學家真的不能看穿你腦內所想的，所以我想知，都要聽你慢慢講。今日只有我們兩個，你可以慢慢說。」我感受到他很難相信有會人想聆聽。面對非主動求助的青少年個案，在處理「問題」前，最重要讓他們感受到我們是「同一陣線」。先感到被肯定他，和相信有人可以真誠地了解。

他嘆了一口氣，低着頭看着地板。

內心掙扎的開端

「我不想再讀下去。」他壓低聲音，但聽得出他的不情不願。

「讀書令你覺得想放棄？」我重複着他的說話，小心試探着他的感受。對着像子銘的青少年，我知道要給予充足的空間，讓他自願的說下去。身為成年人，過早去「猜」他心底裏的結，會很容易被當成是對他的定型，讓他更抗拒。子銘好像感到我和其他人的對話方式不一樣，也願意慢慢鬆口。

「不只是讀書……是整件事。每日返學，看到自己很廢，見到人笑我就好想消失。」

聽到子銘說到「想消失」頓時領會到他也許有尋死的想法，而別人的「笑」又是怎樣的情況？手上的傷痕，我覺得要溫柔地探索一下令他痛苦的經歷。

「笑你？」

子銘聽到我的提問，顯出有點靦腆，他沉默了數秒，鼓起勇氣繼續說：「以前……他們會叫我『怪人』，我沒有朋友，整天一個人。沒有人想同我一齊。」

「嗯，你覺得自己沒有朋友，常常都一個人，但我感你沒甚麼怪啊，你可以和我分享多一點嗎？」我側着頭，有點不明所以的問道，除了是給予肯定之外，同時也想了解更多子銘被排擠的原因。

學校的孤立與欺凌

「我……也不知道他們覺得我哪裏怪，可能我覺得他們太幼稚，不想跟他們玩吧。他們好像小孩子總要聯群結黨起哄一樣，找個人來欺負，覺得好玩吧。」子銘的表情既無奈又帶一點唏嘘。

在同齡人相處不和諧的原因有許多，假如子銘當年的思想已經比同齡的同學較成熟，亦有機會讓他在同學間顯得格格不入。我嘗試讓子銘感受到被理解：「那時候的你，思想比他們成熟，不覺得有甚麼好玩。而那些同學就這樣無原無故地抗拒比他們成熟點的你，是嗎？」子銘點點頭：「嗯，大概就是這樣有點悶，但也無所謂，後來不知道為甚麼社工知道了，好像也有和他們談過，見我沒有甚麼傷害，就不了了之。」

雖然當時的子銘未有受到很大的打擊，但他一直以來也未能建立到穩固的友誼支持自己，這是他感到孤獨的原因之一。我再細細地問到現在的狀況，剝開子銘的痛苦來源：「後來呢？現在還有這些情況嗎？」

子銘的聲線仍然低沉，若有所思的他帶點冷漠：「升上高中後，沒有人笑我，但也無人會理我。所有人都好像好開心，識玩識講，我唔識。他們說的話題我聽不明白，也不覺得好笑。」

看來子銘與同學的思想差距一直都在，我點點頭，反映他的感受：「就好像在同一個空間，但一直都不在那個圈子裏面，是嗎？」子銘點點頭，我再重複一次，加深情緒：「我感到……你也不是不想，只是從來都沒有人跟你玩過，也不知道怎樣才進到他們的圈子。好像也有點孤單……」

「係！最累人是扮沒事。」還未等我說完，子銘已忍不住回應。

「聽你說『扮沒事』的時間，似乎我能感受到內心的痛苦，當你感到痛苦時，你都怎樣處理？」

身體的痛猶如心靈釋放

子銘沒有回答，慢慢捲起袖子，露出一排細長的傷痕，彷彿在告訴我那些就是他痛苦的出口。見到我輕輕點頭，「嗯」了一聲，子銘好像想嘗試解釋自己：「這樣……不是為甚麼，只是想舒服一點。見到血的時候，腦裏面的聲會靜一點。」子銘緊繃的情緒在他展露傷痕的那一下亦釋放了不少。

和一個「陌生人」去展露自己的傷痛，並不是一件容易的事，我想起剛剛子銘提過，覺得自己「很廢」，有時候過於自責的自我對話，也會令人造成痛苦。我先感謝他的信任，再試探地問：「傷痕是你所承受的記錄，感謝你和我分享。剛剛你説到哪些腦裏面的聲音，是不是説……你『很廢』？還是？」

「嗯。」子銘合上眼，深深點了一下頭，彷彿回到當時的情緒中。我相信子銘應該沒有很多機會向其他人分享感受，尤其是他的痛苦。我輕輕地，語帶相關地問：「痛不痛的？」

「痛啊，但可以不用想那麼多嘛，小心一點囉。」他也輕輕地承認了自己的痛，有時，身體的痛，可以緩解內心的痛，至少，讓內心痛苦的人，外化這種「痛」。

願意承認感受，能讓我們接觸到更多感受背後的需要，我慢慢地説：「嗯……當感覺到身體的痛，好像所有注意力到在傷口上，不用想其他人，至少那一刻會覺得原來自己都有在意自己。」我沒有聚焦在他的行為，更想反映埋藏在他行為背後更深層的情感需要。

被理解 = 釋放痛苦的出口

子銘看着我一會，聲線低低的説：「你是第一個這樣講。」能夠被理解也是釋放痛苦的出口，可惜子銘沒有很多被理解的經驗。於是，我希望深化一下「被明白」的感覺：「第一次聽到有人這樣講自己，覺得怎樣啊？」

「不知道啊……未試過，以前有人見到這些傷，都會罵我『傻』同『癲』，現在……好像……原來有人能明白……」

子銘的臉容帶茫然，好像不知道怎樣去理解「被明白」的感受。而他慢慢地坐直，眼神帶點好奇，我感到他想被了解更多。我再次肯定他的感受，同時再探索他有沒有其他的痛苦來源：「對，有人想明白自己好像是一種比較陌生的感覺，我想了解多點，你𠝹手之前，你都會想甚麼？」他微微側起頭，回想着：「所有最差的情況一起來，有時我會想自己甚麼都不懂，做甚麼都失敗、補習老師說我太慢、姐姐常常說我不長進、爸爸……媽媽就只會叫我不要考不上 DSE……」

子銘平日收到太多負面評價，而好像沒有人給他正面回饋與鼓勵：「聽上去，都是一些要求……他們會問你開不開心嗎？」

「不會。他們經常說：『你不是病，不要常常扮抑鬱』，我都不敢再反駁，有時我想：可能是真的，我是真的廢，不然的話，為甚麼甚麼事都做不好？」子銘再次低下頭，聲音也變得越來越小。子銘一直都被受打擊，家庭和學校都得不到認同，難怪他會覺得自己失敗和孤單，我向他反映這些痛苦：「周圍的人好像都在說你做得不夠好，連你的痛苦也真的，難怪你會覺得自己沒用和孤單。」子銘默默點頭，深深嘆了一口氣。

嘗試走出困局

我再去了解他除了𠝹手之外，有否用過甚麼方法幫助自己：「所以你在每一次覺得自己沒用和孤單的時候都會𠝹手嗎？」子銘回答：「也不是每一次……有時會一直想着，我是不是真的如他們說得一樣。晚上睡不着，整晚都會想，自己好廢，我的存在，到底有甚麼意義？好多次真的想得很累，累得哭出來……」

「嗯……」我專注在聆聽，微微點頭表示理解。

「……我有試過寫出來，但好像寫了都沒人會在意，沒有人會理。」子銘說。

發現了不一樣的應對方法，要深入了解一下：「你剛說到會寫出來，可否分享一下，是寫了甚麼？」他從校褸袋取出一本充滿皺褶的細本子遞給我。我小心翼翼，翻開一頁：我想有人問我累不累。我想有人見到我。我想有人不只是係要我合格，我想有人知道，我一早已經撐不住。

這一字一句，都是最直白的傾訴。

被忽視的情感表達

我靜靜合上本子，望着他說：「子銘，這些說話好真誠，都是你很實在的感受，你期待的事。你寫得很好啊。你有向人表達過嗎？」他苦笑：「我試過將情緒畫出來，那時候都喜歡畫畫，但媽媽話沒前途，不要再浪費時間。我就沒有再畫。」文字和繪畫本來是一個很好的情緒出口，可是當每次嘗試的時候，都感到被否定，難怪子銘會放棄，用其他自己有更多掌控感的方法，例如鎅手去釋放情緒。想子銘能夠用更多不會傷害自己的方法，就要把正面的情緒連繫到曾經有用的方法中。「你畫畫的時候覺得怎樣？」我讓子銘回到畫畫的感受中。

他又嘆氣：「畫的時候我會忘記一點的不開心，畫完會舒服一點。不過現在，好似乜都沒有意思。」長期被否定，已經讓子銘覺得自己做的事沒有價值，一概否定所有。

我想幫子銘釐清被否定的感覺，我輕聲問：「你覺得無意思係因為無人欣賞你的畫，還是不覺得自己值得開心？」子銘靜了一會，低聲回應：「不知道……可能畫了都無人會看，做了都沒有用。我不知道自己努力為了甚麼。以前會想有人讚賞一下，現在……連自己都不想看到自己的畫。」被肯定，被認同，是每個孩子成長和學會肯定自己的重要養分。子銘一直得不到足夠的鼓勵，最後子銘都放棄肯定自己。

重新認識自己

我幫助子銘梳理他的感受：「難得找到一個方法表達自己，而一直都沒有人見到你的需要，或者給你一個肯定，難怪你會想放棄。」我語氣溫柔，繼續說：「想被看見，想被肯定，都很正常，我們每個人都需要，而你值得被看見的，子銘。」

子銘嘴角上有一絲微笑，眼睛紅了，點着頭說：「謝謝你。」在年青人的成長中，能夠給予真誠的理解和肯定，成為他們其中一條枝柱，對他們重拾希望感很重要。我邀請子銘再嘗試找回肯定自己的方式：「我們一步一步來，好嗎？試試講給我聽，那些令你想做的事，我會陪着你，一齊找出來。」子銘看着我，沒有説話，從麻目的臉龐上，看到他微微一眨眼，抿了一下咀唇，輕輕點頭，我看到有希望的神色。

心理學家筆記

鑒於子銘的年齡和自傷風險，必須與家長協作保障未成年子女的措施。與此同時，亦須平衡與子銘溝通他願意分享的內容，以最大程度的保障他個人隱私。誠然，除了子銘，在輔導室外，亦有許多青少年正默默承受着類似的孤獨與無力感。根據香港青年協會於 2021 年進行的調查，訪問了本港 2,700 多名 12-24 歲的年青人，當中有四成七的青年人表示「感到孤獨」，甚至有超過六成人表示「覺得沒有人真正明白自己」（香港青年協會，2021）。在面對情緒痛苦時，許多年輕人仍然感到難以尋求即時和有效的支援。

孤獨感並不只是個人脆弱的表現，而是一種在當代社會廣泛蔓延的情緒狀態。BBC 在 2018 年情人節發起的「孤獨實驗」，邀請全球約 55,000 人參與調查，發現年青人的孤獨感比老年人更高。最近的研究亦指出，孤獨感與抑鬱之間並非單純的直接關聯，反覆思考孤獨感的傾向，會進一步加深情緒痛苦（Luo 等，2025）。當孤獨感長期積累且無法得到舒緩時，情緒困擾往往不斷惡化，令人愈加陷入無助與自我否定之中。子銘的故事，只是冰山一角，卻深刻提醒我們，在今天的青少年中，孤獨與情緒困擾早已成為一種普遍而又容易被忽視的痛。

解說

孤立與意義感的斷裂

子銘曾反覆提到：「做了都沒人理，努力都沒有意義。」這不只是情緒上的低落，更是一種深層的空虛感。他並非完全不努力，只是他的努力缺乏回應、沒有回報，久而久之，便開始懷疑：「我做這些，到底為了誰？我還有甚麼價值？」這種感受，常見於長期感到孤立、缺乏認同的青少年身上。孤立感與心理困擾之間的連結亦獲得實證支持。Loades 等人（2020）於一項系統性綜述中指出，兒童與青少年若長期處於社交孤立或孤獨狀態，出現抑鬱、焦慮及自殺意念的風險會顯著上升，且影響可能持續多年（Loades 等, 2020）。這亦印證了子銘的感受並非偶發，而是孤立經驗長期累積下的心理反應。

在與子銘的對話中，他提過自己曾經喜歡畫畫，那是他唯一能夠短暫逃離現實的方法。當他畫畫時，世界會靜下來，他可以不需要解釋，純粹做自己。但當這一點點的興趣也被否定，甚至被身邊人視為「浪費時間」，他連最後一個可以容納自己的空間也失去了。正如奧地利著名心理學家，意義治療建立者 Viktor Frankl（1984）所言，人一旦無法從生活中找到意義，便容易陷入絕望。對子銘而言，「意義」不是一個抽象概念，而是「有人會在意我做過甚麼」、「我的存在是有人留意的」。當這些微細的連結斷裂，他自然會覺得自己是透明的，是不被需要的。

在輔導中，心理學家協助他慢慢重新建立這些連結，與他一齊找回畫畫的感覺，不是為了成果，而是讓他再次經驗「我做一件事是可以讓自己舒服一點」。心理學家期後亦會與班主任合作，鼓勵他試着參與一些小型群體活動，例如校內的小組或工作坊，不一定要表現出色，只要有人記得他、叫得出他的名字，就足以讓他感到「我不是透明」的存在感。這些改變不一定要大，而是從細節開始。從一幅畫、一次對話、一句問候，逐步令他重建對自己的信任，也讓他看見，原來「有人會在意我」這個念頭，不再只是幻想，而是可以慢慢實現的事。

情緒調節困難與自我傷害行為

子銘的自我傷害行為，表面上看似是對身體的攻擊，但若深入了解，其實是他嘗試在極大情緒壓力下，為自己尋找一種可以暫時紓緩痛苦的方法，亦是感受到自己仍有感覺的證明。當一個人在情緒調節上遇到困難，而缺乏健康的表達和應對策略時，往往會傾向尋找一些即時、但未必適合的方式來減輕內心的煎熬。

Brausch 與 Woods（2019）發現，青少年若無法有效管理負面情緒，如悲傷、羞愧或焦慮，便更容易以自傷作為一種短暫紓緩壓力的手段。絕大部分參與非自殺自我傷害的人不會主動尋求臨床協助，研究顯示，反覆發生的自傷會預測青少年未來持續出現採取情緒管控失調策略，如成癮、自殺企圖和自殺意念等問題（Nakar 等, 2016；Andover 等, 2012；Hawton 等, 2015）。自我傷害在此情況下，不是為了引起他人注意，而是一種企圖使內心的痛苦得以中斷的行為。子銘曾說過：「痛的時候外間的聲音會靜一點。」這種描述反映了自我傷害的功能——透過身體的痛覺，轉移對內在負面評價和自我否定聲音的注意力 (Nock, 2010)。當腦海中充斥着「我唔夠好」、「我冇用」這類聲音時，身體的痛楚反而成為了短暫安靜下來的方法。

理解這一點後，心理學家協助子銘發展其他更安全、更具持續性的情緒調節方式。這些方法可以包括：書寫情緒日記，將內心感受具體化；進行簡單的呼吸練習，以穩定情緒起伏；或選擇一些溫和的身體活動，如散步或伸展運動，幫助釋放壓力。最重要的是，讓他慢慢體驗到：「我有其他方法可以讓自己舒服一點，而毋須以傷害自己作為代價。」許多曾經歷情緒調節困難的人，其實並非缺乏意願去改變，而是從未被教導過其他的選擇。當子銘能夠逐步累積使用健康方式應對情緒的經驗時，他對自我管理情緒的信心亦會逐漸增強，減少對自我傷害的依賴。

渴望被明白與重建自我價值感

從深層需要的角度去了解子銘的自我傷害行為，其實並不單單是因為無法處理情緒，而是來自一種長期未被回應的依附需要（attachment needs）。根據情緒聚焦個別治療（Emotionally Focused Individual Therapy, EFIT；Johnson, 2019）的理論，依附不單是兒童期對照顧者的需要，而是貫穿一生的人際情感需求。我們每個人都渴望被看見、被接納與被重視。

青少年的自尊心發展與其重要他人的回應亦有密不可分的關係（Orth 與 Robins, 2014），在成長中，子銘長期未有感到被接納，逐步內化為「我不值得被愛」的自我信念。這種信念未必是經由理性思考形成，而是來自一種重複性的情緒記憶經驗與身體感覺——這一類重複出現的信念與身體感受，在 EFIT 中可理解為一種「內在運作模式」（Internal Working Model），又可稱為「自我與關係的情緒記憶模型」（Emotionally Encoded Model of Self-in-relation）。這些模式是個人根據過往與他人的互動經驗所建立，反映出他如何看待自己，預期他人會如何回應自己。它們通常不是來自單一事件，而是多年來在情緒和身體層面反覆累積的結果，深深影響着一個人對關係的看法與情感反應。這種深層的內在模式，正是心理學家在工作中協助子銘梳理其情緒困擾與自我懷疑的關鍵基礎。

在與子銘的輔導對話中，他曾多次提到「冇人想聽」，這不單是對過往經歷的描述，也是一種情感上的結論：自己是不被理解的。然而，這些話語的背後，其實隱藏着一份被理解的渴望。在我們建立了初步信任之後，我嘗試透過語調與姿態傳遞接納，協助子銘慢慢地去經驗「有人願意聽我講」的可能性。這份人際安全感，正是回應他內在情感需要的第一步。

在他提及「我覺得自己有用」的時候，心理學家以同理的語氣說：「你會唔會覺得，過去好想有人肯定你，但很多時都換來失望？」這樣的回應不單是釋放情緒，更是讓子銘將內在的需要具體化。這樣的歷程，協助他從「我有用」這個評價，逐步轉向「原來我一直都想有人了解我」。這個轉化的過程，有助他放下長期壓抑的孤獨與無力感，重新與自己的情感世界接上線。

當子銘在輔導中慢慢感受到「表達情緒不再換來批評或冷淡」，他開始重新思考人際世界的可能性。他不再只是那個「無聲」的人，而是有人願意理解、值得被接納的人。這樣的經驗對他來說是嶄新的，也為他後續的自我重整與情感復原帶來了重要的起點。

自助五部曲

當我們面對情緒低落、孤單感或無力感時，大腦往往只聚焦於痛苦本身，甚至會以為這份痛苦會無限期延續下去。但其實，只要我們能夠輕輕為自己做一點點事，就可以讓這份痛苦稍為鬆動，甚至慢慢出現改變的可能。透過練習設定可完成的小目標，並從中累積微小的成功經驗，都有助提升希望感和心理韌性（Snyder, Rand 與 Sigmon, 2002）。這些方法不是要你馬上變好，而是讓你在困難中找到一點空間、一點氣息，提醒自己：我仍然有力量照顧自己，讓自己重拾希望。

1. 寫下心裏說不出口的感受

當腦海裏充斥着無力與孤單的感覺時，可以嘗試將這些感受寫下來。寫出來的不一定要有結構，可以是零碎的詞句，甚至是畫一幅簡單的圖畫。重點不是表達得多好，而是讓自己知道，內心的感受是真實存在的，值得被自己看見。每天花幾分鐘記錄心情，即使只是幾句話，也是對自己情緒的一份尊重。這樣的練習，能逐步打開與自己內心的連結，慢慢**建立自我接納**的力量。

2. 找一個讓自己可以慢慢呼吸的地方

當情緒湧現、感到喘不過氣時，嘗試找一個屬於自己的安靜角落。可以是一間小小的圖書館、一個樹蔭底下的長椅，或是自己房間的一個角落。坐下來，慢慢深呼吸，感受空氣進入和離開身體，不需要急着改變任何感覺，只是陪伴自己經歷這一刻。即使世界仍然喧囂，這個小空間，能成為心靈暫時歇息的港灣。可以輕輕地數呼吸節奏，例如吸氣數四拍，停頓兩拍，呼氣數六拍，讓自己在每一次呼吸之中，慢慢找回內在的節奏感。

3. 重新拾回一件自己曾經喜歡的事

你曾經有過一件讓你感到快樂的小事嗎？無論是畫畫、寫字、聽音樂、種植物，還是簡單地散步。即使那份熱情曾因現實被淡忘，它仍然藏在心底。重新拾回這件事，不是為了做得多好，而是提醒自己：「我可以為自己創造溫暖與喜悅。」即使一開始只是一個微小的行動，例如畫一張隨手塗鴉、播一首喜歡的歌，又或者在陽台種一棵小植物，都是在重新與自己的生命力連結。就算過去未發現有令自己喜歡的事，也可以**抱着開放的心態**，參加新活動，尋找令自己感到快樂的事。

4. 感受生活中微小的連結

當覺得孤單時，嘗試留意周圍細微的人際互動。也許是鄰居的一句問候，也許是路人一個善意的微笑，又或是自己主動對身邊的人説聲「早晨」。這些看似微不足道的互動，其實都在告訴自己：「我並不是完全孤立於世界之外。」可以設定一個小小的目標，例如每日主動向一位同事、同學或鄰居打個招呼，慢慢讓自己**累積正面的連結經驗**，滋養內心對世界的信任與溫度。

5. 允許自己需要幫助，並且慢慢嘗試接受：

有時，我們太習慣一個人承受所有痛苦，忘記了尋求幫助並不是脆弱的表現。當感覺無力時，可以試着對自己說：「我有需要，也有權利尋求協助。」開始可以很簡單，例如找一位信任的朋友、老師、社工，分享一點點心事。即使只是簡單地說：「我最近有啲攰。」都已經是一個重要的開始。讓自己慢慢體驗**被聆聽、被接納**的感覺，這種溫柔的連結，能為心靈帶來真正的支持和安慰。

輔導後的改變

在中四的學年裏，子銘接受了約六個月的輔導，每兩週會面一次。

輔導過程並非一蹴而就，但在一次又一次的對話中，子銘開始出現了細微的變化。剛開始的幾節，他依然習慣以沉默保護自己，但在我們慢慢地建立起信任後，他開始嘗試說多一點自己的感受，不再只是用鎅手來「靜一靜腦內的聲音」。

在輔導室內，他學會了將心底的孤單、痛苦、渴望被理解的需要，慢慢用語言表達出來。每當他能夠講出一點點內心世界，我便會溫柔地確認他的感受，讓他體驗到：「我說出來，並不會被批評，亦不會被忽略。」

子銘重新拾起了畫筆。剛開始，他還是充滿掙扎，覺得畫出來「無意思」、「沒有人人會看」，但在鼓勵下，他嘗試不是為了成果，而是為了自己畫畫。慢慢地，他會主動帶來一些小小的作品分享，在分享過程中，他的眼神不再只是疲倦，而是多了一點點光彩。

學校方面，他開始嘗試在小組活動中參與，即使只是簡單地協助搬桌椅、幫忙準備教材，這些微小的行動，也讓他感受到自己能夠為別人帶來幫助。雖然他仍然不善於在人群中表達自己，但至少他不再覺得自己「完全透明」。

在家中，他亦嘗試以寫字條的方式，向家人表達自己的需要與感受。雖然家庭氣氛未有明顯改變，但子銘描述自己「沒那麼容易爆炸」、「有些東西寫出來舒服了一點」。

輔導到後期，子銘不再單單用鎅手來面對壓力。他學會了在情緒湧上時，寫下感受、找一個屬於自己的安靜角落，甚至會主動和老師約見傾談，這些改變，都是他逐步找回自己力量的證明。

「有時覺得，可能我不是那麼廢。」子銘這樣說，語氣中不再只是無奈，還帶着一點點真誠的相信。

他的故事仍在繼續，到中五仍然會與他進行面見，生活仍然有高低起伏，但子銘已經不再是那個只懂用痛苦壓抑痛苦的少年。他學會了在痛苦之中，尋找一絲可以呼吸的空間；在孤單之中，感受哪怕一點點的連結；在無力之中，相信自己仍有一絲值得被珍惜的價值。

改變的一念，是感到有人真誠地聆聽。

參考文獻

Andover, M. S., Morris, B. W., Wren, A., & Bruzzese, M. E. (2012). The co-occurrence of non-suicidal self-injury and attempted suicide among adolescents: Distinguishing risk factors and psychosocial correlates. *Child and Adolescent Psychiatry and Mental Health, 6*, 11.

BBC 中文網 . (2018 年 10 月 2 日). *英國設立「孤獨部」對抗孤獨流行病* . BBC. https://www.bbc.com/zhongwen/trad/uk-45729511

Brausch, A. M., & Woods, S. E. (2019). Emotion regulation deficits and nonsuicidal self-injury prospectively predict suicide ideation in adolescents. *Suicide and Life-Threatening Behavior, 49*(3), 868-880. 10.1111/sltb.12478

Frankl, V. E. (1984). *Man's Search for Meaning*. Beacon Press. https://www.beacon.org/Mans-Search-for-Meaning-P602.aspx

Hawton, K., Witt, K. G., Taylor Salisbury, T. L., Arensman, E., Gunnell, D., Townsend, E., van Heeringen, K., & Hazell, P. (2015). Interventions for self-harm in children and adolescents. *The Cochrane database of systematic reviews, 2015*(12), CD012013. https://doi.org/10.1002/14651858.CD012013

Johnson, S. M. (2019). *Attachment Theory in Practice: Emotionally Focused Therapy (EFT) with Individuals, Couples, and Families*. Guilford Press.

Loades, M. E., Chatburn, E., Higson-Sweeney, N., Reynolds, S., Shafran, R., Brigden, A., Linney, C., McManus, M. N., Borwick, C., & Crawley, E. (2020). Rapid systematic review: The impact of social isolation and loneliness on the mental health of children and adolescents in the context of COVID-19. *Journal of the American Academy of Child and Adolescent Psychiatry, 59*(11), 1218-1239. e3. https://doi.org/10.1016/j.jaac.2020.05.00

Luo, J., Wong, N. M. L., Zhang, R., Wu, J., Shao, R., Chan, C. C. H.,

一念間

& Lee, T. M. C. (2025). A network analysis of rumination on loneliness and the relationship with depression. *Nature Mental Health, 3*(1), 46-57. https://www.nature.com/articles/s44220-024-00350-x

Nakar, O., Brunner, R., Schilling, O., Chanen, A., Fischer, G., Parzer, P., Carli, V., Wasserman, D., Sarchiapone, M., Wasserman, C., Hoven, C. W., Resch, F., & Kaess, M. (2016). Developmental trajectories of self-injurious behavior, suicidal behavior and substance misuse and their association with adolescent borderline personality pathology. *Journal of Affective Disorders, 197*, 231-238. https://doi.org/10.1016/j.jad.2016.03.029

Nock, M. K. (2010). Self-injury. *Annual Review of Clinical Psychology, 6*, 339-363. https://pubmed.ncbi.nlm.nih.gov/20192787/

Orth, U., & Robins, R. W. (2014). The development of self-esteem. *Current Directions in Psychological Science, 23*(5), 381-387. https://journals.sagepub.com/doi/10.1177/0963721414547414

Snyder, C. R., Rand, K. L., & Sigmon, D. R. (2002). Hope theory: A member of the positive psychology family. In C. R. Snyder & S. J. Lopez (Eds.), *Handbook of Positive Psychology* (pp. 257-276). Oxford University Press. https://academic.oup.com/edited-volume/28108/chapter/212215719

香港青年協會 . (2021 年 3 月 23 日). *調查顯示近半受訪青少年曾經歷情緒困擾，網上輔導服務需求上升* [新聞稿]. 香港青年協會 . https://hkfyg.org.hk/en/2021/03/23/utouch-2/

一念間

八、媽媽，看見我好嗎？

文——黃麒錄

「原來，一直以來我最想要的，是被看見和接納，但如果世界無法給我，至少我可以試着自己給自己。」——菲菲菲菲，19歲，大專學生，因自傷問題轉介來接受心理輔導。她從小生長在一個破碎的原生家庭中，父母在她3歲時離婚後，各自重組新家庭，而她則成了兩個家庭之間被遺忘的「人球」。在不同親戚家暫居的日子裏，她總是努力表現得乖巧、懂事，希望藉「討好」換取家人的注意和認同，但卻總是換來失望。

進入中學後，她的成績逐漸下滑，甚至開始出現遲到和夜不歸家等行為問題。父母再婚後對新生弟弟的寵愛，使她在家庭中的地位更加邊緣化。與此同時，在學校裏她也無法融入同儕團體，經常遭受同學嘲笑與欺凌，內心的孤獨感與日俱增。在這樣的情況下，她與一名男同學展開了一段缺乏情感連結的戀愛關係。「我和他在一起，只是為了有人陪伴，哪怕只是表面的陪伴也好，因為我太害怕獨處了。」這段感情最終不了了之，但卻加深了她內心不被愛的感受。

而真正壓垮菲菲的，是那次家庭聚會中無意間聽到母親否認她身份的話語。那句話如同利刃般刺入她的心臟，將她推向了自傷的邊緣。更甚的是，當家人得知她那次自傷後，卻只是一味地責罵她，認為她只是藉着自殘引起注意，無法體諒母親的艱辛與不易。這種缺乏同理心的冷漠反而加深了她內心的孤獨與絕望。然而，也正是在最黑暗的那一刻，她心中閃現了自我拯救的念頭——「也許，我可以試着愛自己。」在無數次的心靈掙扎之後，菲菲最終在內心默默許下決心：她絕不能讓自己再一次被忽視。那個「愛自己」的念頭，就像一根救命稻草，讓她從無盡的黑暗中看到了微弱的光亮。她開始尋求心理諮詢，希望能夠找回自我，重建那曾經被破碎的自尊與依附感。

菲菲的轉念來自於一個無人理解的瞬間，但卻成為她尋找改變的起點。經過一段時間的心理輔導，菲菲逐漸領悟到，這份微弱卻堅定的覺醒，就是她重生的契機，讓她開始學習如何真正愛護和接納自己。

窗外細雨綿綿，輔導室內彷彿被罩上了一層灰色的薄紗，瀰漫着難以言喻的寂靜。菲菲坐在淡藍色的沙發上，蜷縮着身體，雙手緊握在一起，不安地摩擦着衣袖的邊緣。牆上時鐘滴答作響，每一下都彷彿敲打着她內心深處無法言說的痛楚。

這是菲菲接受心理輔導的第三節，她是一個大專二年級生，首兩節見她時略感拘謹，好像有許多想法，卻一時不懂得表達。來到第三節，坐下來後，經過漫長的沉默，她終於開口，聲音輕得幾乎被冷氣機的低鳴所掩蓋。

「其實我一直不知道自己到底想要甚麼……」她眼中閃着迷茫的淚光，低聲呢喃。

「嗯，願意再多分享一點嗎？」我以緩慢的語速和柔和的聲調，去同步她的節奏。

原生家庭的痛苦

她猶豫片刻後，小聲說：「我都不知道怎說……我……覺得自己……像一個人球，由細到大被拋來拋去……」經過前兩節的溝通和認識，菲菲開始慢慢分享更多的內心世界。「……我記得大概三歲那年，爸媽激烈地吵架，然後很快就離婚了。從那以後，我像一個人球，不停住在不同的親戚家……就是，剛熟悉了環境，又會因不同原因要搬……所以細個我的親戚都說我『好乖』，不吵鬧的……其實我覺得自己每天都要小心翼翼，努力討好別人，希望親戚不討厭我、不拋棄我……」她的聲音微微顫抖。

與別人分享這些埋藏已久的感受，的確不易。菲菲眼中含有一些無奈：「每次當我開始習慣新的環境，知道又要離開去下一個地方，我都會覺得……好失落……因為……自己像是一個沒有人會真正想要的小孩。」

她輕輕嘆了一口氣，我靜靜地陪伴着，感受到她語氣中的無力與悲傷。「這樣的經歷，一定讓你感覺非常孤單，對吧？」我輕聲回應。

母親的忽視

菲菲輕輕點頭：「我想得到母親的注意，可她卻對外人說我是她的妹妹……」說到這裏，菲菲的眉頭一皺，像訴說出萬般的委屈。「……我那時候很疑惑，也很受傷，覺得自己的存在不被承認。」她停頓了一下，「尤其是弟弟出生以後，她眼裏只有他，我的存有好像與她……沒有關係。」

「被你最重視的人忽視，真的好難受……尤其當你說媽媽對外人說你是她的妹妹，我能想像那種難受。我記得你之前提過你聽到一件好令你崩潰的事，令你曾經想『一走了之』，你可以和我分享一下，當時的情況是怎樣？」我微微俯身向前溫柔地問。

菲菲低下頭，眼裏泛着淚光：「那天晚上，我從親戚口中得知母親對外宣稱只有生過一個兒子，從來沒有承認過我的身份。那一刻，我徹底崩潰了，覺得連自己的母親都不願承認我，活着還有甚麼意義？」

她的聲音逐漸哽咽，彷彿回到了當時聽到這句話的瞬間：「我跑到房間反鎖自己，爬出窗外，看着外面的燈光，感覺全世界只剩下自己一個人。我心裏只有一個念頭：『如果我受傷了，或許媽媽就會明白我有幾痛，我個心真係好痛好痛，我希望她重新看見我。』於是，我拿起刀片，輕輕地劃下去……」她停頓了許久，才繼續說：「但我知道，我其實並不是真的想死，我只是想讓媽媽看到我，看到我的痛苦，知道我真的很難過。」

「所以你內心真正渴望的是，被媽媽看見？」我重複確認。

菲菲點點頭，眼淚終於滑落臉頰：「是的，其實我只是希望媽媽注意到我，我不想再當一個透明的人了。」

房間再度陷入一陣沉默。我並沒有急着打破這份安靜，而是輕輕地陪伴着，給菲菲充分的時間感受和整理內心的情緒。

過了一會兒，我緩緩地說：「菲菲，我能感覺到，在你內心深處最希望被看見和關心的人，其實一直是媽媽。長久以來，你為了獲得她的注意，已經付出了許多努力，卻總是被忽視和否定，這樣真的非常辛苦，也很讓人難受。」很多時，**輔導給予的同理與同行的力量，遠大於直接「解決問題」**。

她緩緩抬起頭，眼裏帶着一種被看見後的放鬆與感動，彷彿終於有人理解了她內心多年來的渴望。

從自殘到自愛

看見菲菲的反應，我接着問道：「你剛才說到，當時你並不是想真的傷害自己，而是想要透過自傷讓媽媽重新注意到你。那麼，在你內心幾乎要崩潰、非常絕望的那個晚上，有沒有發生甚麼具體的事情，或是一個念頭，讓你願意停下來，開始重新思考自己的處境呢？」

菲菲擦拭着眼角的淚水，回憶起那個夜晚：「當我看着手臂上的傷口時，剛好窗外亮起了一盞路燈。那道燈光並不強烈，但很溫暖。當下心裏突然浮現出一句話——『如果這個世界不能給你愛，也許你可以試着自己去愛自己。』」

「就是那一瞬間，我好像突然明白，或許我不必一直傻傻地等待媽媽或其他人來看見我、愛我，我也有能力給自己一點溫暖。」她的聲音依然輕柔，但眼神卻多了一份堅定。

我凝視着她，感覺到她內心正萌發一股嶄新的力量。窗外細雨仍舊，但此刻輔導室內似乎多了一道希望的曙光。

心理學家筆記

家庭破裂對兒童心理健康的影響

近年來，香港離婚率持續上升。根據政府統計處公佈的最新資料顯示，2024 年香港的離婚率（每千人口中有多少張離婚判令）高達 2.51，高於全球平均率 1.8；與 1993 年的 1.27 相比，三十年間升幅高達 98%。在離婚潮背後，伴隨着再婚家庭數量亦不斷增加，根據統計資料顯示，再婚的數目差不多每年約佔香港結婚數目的三成左右（王明玉，2024）。在這個迅速變化的家庭結構中，不少孩子需同時承受父母離異的衝擊及適應再婚家庭所帶來的多重挑戰。

根據政府統計處的單親家庭主題報告（2023）指出，香港目前約有 94,508 名 18 歲以下的兒童與單親父母同住，其中約八成（約 75,000 人）可能來自離異家庭。這一數據充分反映本地有相當數量的兒童正在經歷家庭結構轉變所帶來的深刻心理衝擊。

過去本地的研究已明確指出，離異與再婚家庭兒童所承受的心理壓力明顯高於一般家庭（明光社，2018）。

聖雅各福群會灣仔綜合家庭服務中心與香港城市大學（2016）的研究發現，再婚家庭的孩子在焦慮與抑鬱方面的症狀明顯較一般家庭孩子更高，而快樂感則明顯更低。具體而言，再婚家庭孩子的焦慮程度（1.98 分）和抑鬱程度（1.9 分）明顯高於一般家庭（分別為 1.85 分和 1.66 分）；主觀快樂感（4.51 分）則明顯低於一般家庭孩子的 5.02 分（滿分 7 分）。這一研究凸顯出家庭結構變動所帶來的情緒與心理衝擊，並揭示出再婚家庭孩子所承受的心理負擔極需關注。

再婚家庭內的問題並非單純因父母離異所致，更牽涉到重組家庭的內在複雜性。有研究指出，再婚夫婦往往錯誤地認為自己已有婚姻經驗，因而忽略再婚關係中的特殊挑戰（Sweeney, 2010）。實際上，再婚家庭所面臨的壓力往往更為複雜，例如與前配偶之間的共同養育衝突、新家庭內部資源分配的矛盾，以及情感聯繫的重新調適與整合等（Coleman 等，2000）。這種複雜性較易令孩子們感受到被忽視和遺棄，進而形成強烈的被遺棄與不被需要的感受，最終導致他們自我價值感低落、情緒焦慮與抑鬱（Hetherington 與 Stanley-Hagan, 1999）。

再婚家庭常見的隱性衝突

解說

不穩定的依附關係與孩子的自我否定

自我傷害（Self-Harm），或稱非自殺性自傷行為（Non-Suicidal Self-Injury, NSSI），是指個體故意傷害自己的身體，卻不帶有自殺意圖的行為。自我傷害行為可被視為一種不恰當的方法應對生活上的困難，從發展心理學的依附理論（Attachment Theory）來看，幼年時期與主要照顧者建立穩定、安全的情感連結，對個體的心理健康及自我認同形成至關重要（Bowlby, 1982）。缺乏安全依附經驗的孩子，在成年後容易產生焦慮、不安、低自尊甚至強烈的自我否定感（Mikulincer 與 Shaver, 2007）。

菲菲的成長經歷，便是這種心理危機的真實體現。她童年時經歷父母離異，隨後更需要面對父母各自再婚、生育新孩子後的情感疏離與注意力轉移。菲菲在各個寄居家庭之間不斷遷移，內心難以建立穩固的安全感和歸屬感。尤其是母親公開否認她的身份，無疑進一步強化了她內心的自我否定與情感缺失，最終導致她在情感、自我認同與社交互動上產生嚴重障礙（Bartholomew 與 Horowitz, 1991）。

這種早期被忽視、否定與遺棄的經驗影響，與國際研究結果一致。多項研究發現，幼年時期經歷家庭離異與情感忽視的兒童，往往在成年後易受焦慮、抑鬱、自尊問題，以及行為困擾的困擾（Webb, 2012；Wen 等, 2024）。亦有研究指出，父母離婚和重組家庭的處理方式若不恰當，會嚴重影響孩子的長遠心理健康與福祉，甚至延續到他們往後的家庭與親密關係中（Coleman 等, 2000）。

在菲菲的案例中，其他家庭成員對其情感困境的理解和支持顯得尤為重要。家人的指責與否認，不僅無法幫助她走出困境，反而加深了她的孤立感。因此，從臨床實務的觀點出發，離異與再婚家庭兒童的心理輔導，不僅要處理孩子個體的心理問題，亦必須重視整個家庭系統的調整和介入，以改善整個家庭的溝通模式，促進各成員間的情感聯結（Cohen 等, 2016）。通過家庭成員共同參與的心理教育與互動練習，可以幫助家人意識到離異與再婚家庭兒童的內心需求與傷痛，從而在情感上給予更充分的支持。這不僅有助於穩固個體的情感依附，也為其未來的情緒調節提供了一個更加穩定的外部環境。

總結而言，菲菲所經歷的心理發展危機並非單一事件，而是離異與再婚家庭兒童常見的心理困境。作為輔導心理學家，我們需從家庭系統的角度，深入探討並理解家庭結構變動對兒童發展的影響，才能真正從根本上協助這些兒童走出心理困境，重新找回正面且健康的自我價值與生命意義。

自助五部曲

面對像菲菲這樣深陷「被忽視、自我否定」的情緒困境，關鍵不僅是情緒管理，更是要慢慢走上「自己看見自己、自己照顧自己」的成長之路。以下五個簡單且實用的步驟，希望能幫助你循序漸進地，從脆弱中找回力量：

1. 為自己的傷痛命名

「如果這些傷痕會說話，它們想表達甚麼？」

練習

「把內心的痛楚寫下來，讓它有名字。」

就像菲菲那晚面對手臂上的傷口，她需要把那份「被媽媽否認」的痛命名出來。我們也可以練習，當感覺到痛苦、孤單、被遺棄時，嘗試在日記中寫下：「我現在感覺到被忽視，很痛苦。」當情緒有了名字，就像為混亂的心情加上了標籤（Emotional Labelling），讓它不再無形而壓倒自己。這是走出自我否定的第一步。

2. 分清「愛」與「注意」的不同

練習

「問自己——我需要的是愛，還是只是被看到？」

菲菲當年自傷，是因為希望媽媽注意她，但經過輔導，她明白了，真正需要的不是短暫的注意，而是持久的被愛與接納。當你渴望被關心時，請靜下來問自己：「我現在真正需要的是甚麼？是一次性的關注？還是深層的被愛與理解？」辨認清楚需求，可以幫助你更健康地調整期待，避免一再受傷。

3. 給自己寫一封「看見你的信」

內心的自我對話對情緒和自信有着深遠影響。當處於困境時，我們往往會進入負面的自我批評模式，這只會加深我們對自我價值的懷疑。學會轉化這些負面語言，用支持性和積極的方式與自己對話，將能有效改善你的情緒狀態。

練習

「寫給自己的一封信，像最理解你的朋友一樣。」

選一個安靜的晚上，寫一封信給自己，內容可以這樣開始：「親愛的我，今天的你很辛苦，我知道你有多希望被人看見⋯⋯」不用修飾，不用假裝堅強，寫下你最真實的感受，並且在信的最後，送一句溫柔的鼓勵給自己。這是學習「自己看見自己」的重要練習，讓內在有一個真正支持自己的聲音。

4.「溫柔地對待自己」的行動

練習

「每天為自己做一件溫柔的小事。」

當外界不能及時回應我們的需要時，更要學會主動照顧自己。例如，每天給自己一個「溫柔行動」：

- 為自己泡一杯喜歡的飲料
- 散步時對自己輕輕地說：「你已經很努力了」
- 睡前抱抱自己，說：「今晚的你，值得休息」

這些小小行動，會慢慢累積成「內心被愛的感覺」。

5. 建立「安全的人際圈」

練習

「找一個或一群真正願意看見你的人。」

在菲菲的故事中，她後來也開始嘗試與新朋友建立連結，走出自我封閉。我們每個人也都需要一個「不需要討好」就能被接受的小圈子。可以是：

- 一位願意靜靜聽你説話的朋友
- 一位興趣班中認識的友善同伴
- 一位專業的心理學家

即使只有一個人，也足夠打破孤立感，讓你更容易相信：自己值得被愛，也值得被看見。

這 5 個步驟，不是要你立刻變得堅強或快樂，而是讓你慢慢練習，讓愛自己這件事變得可以被「看見」、「感覺到」、「做得到」。正如菲菲走過的路，每一個微小的選擇，都是通往光亮的一步。改變的一念，就是從「渴望被愛」走向「學會愛自己」。

輔導後的改變

在輔導初期，心理學家的首要目標是協助菲菲建立信任和安全感，讓她能夠逐步放下對他人批判的恐懼，進而嘗試自由地表達內心的情感與掙扎。菲菲初時顯得被動且防備，害怕再一次遭受否定或傷害，因此，早期的輔導工作主要集中於建立安全、包容且不批判的溝通環境，以無條件關懷、不批判聆聽的方式，逐步修復她對人際關係的信任感，並減輕她內心長年累積的孤獨與絕望。

同時，心理學家也引導菲菲識別並理解自己長期壓抑的情緒，包括孤單、自我懷疑、被遺棄的羞辱感，以及對母親的深層失望與憤怒。這些潛藏情緒一直未被處理，長年侵蝕着菲菲的自我價值感，並成為她透過自傷行為尋求存在感與關注的背後原因。

隨着輔導進展，菲菲逐漸展現出明顯的改變。那個曾經在孤立與自我否定中掙扎的女孩，開始學會停下來，傾聽自己的情緒，而不是急於以自傷作為唯一出口。她學會在每次情緒波動時，運用靜觀呼吸、自我對話與情緒標記的技巧，將情緒慢慢釋放。

在人際互動方面，菲菲也開始嘗試跨出舒適圈，主動與同儕交流，即使偶有不安與退縮，但每一次嘗試都逐漸鞏固了她對人際世界的新信任。她曾在一次輔導中微笑着說：「我發現，當我開始接受自己的不完美，並給自己一點溫柔的空間時，周圍的人也好像變得溫柔了。」

輔導接近尾聲時，菲菲用堅定的語氣對我說：

「當我學會愛自己時，我才發現，原來我並不孤單。」

這句話，不僅是她自我救贖的見證，更為曾經在絕望中掙扎的人，帶來了無聲而深刻的鼓舞及希望。未來的路或許依然遍滿挑戰，但菲菲已擁有一把內在的鑰匙：那是學會自愛、自我照顧的力量，足以陪伴她穿越生命中更多未知的風雨。

改變的一念，就是從等待他人看見，轉向自己溫柔地看見自己，並相信——我值得被愛，也值得被看見。

Bartholomew, K., & Horowitz, L. M. (1991). Attachment styles among young adults: A test of a four-category model. *Journal of Personality and Social Psychology, 61*(2), 226-244. https://doi.org/10.1037/0022-3514.61.2.226

Bowlby, J. (1982). Attachment and loss: Retrospect and prospect. *American Journal of Orthopsychiatry, 52*(4), 664-678. https://doi.org/10.1111/j.1939-0025.1982.tb01456.x

Cohen, G. J., Weitzman, C. C., COMMITTEE ON PSYCHOSOCIAL ASPECTS OF CHILD AND FAMILY HEALTH, & SECTION ON DEVELOPMENTAL AND BEHAVIORAL PEDIATRICS (2016). Helping Children and Families Deal With Divorce and Separation. *Pediatrics, 138*(6), e20163020. https://doi.org/10.1542/peds.2016-3020

Coleman, M., Ganong, L., & Fine, M. (2000). Reinvestigating remarriage: Another decade of progress. *Journal of Marriage and the Family, 62*(4), 1288-1307. https://doi.org/10.1111/j.1741-3737.2000.01288.x

Hetherington, E. M., & Stanley-Hagan, M. (1999). The adjustment of children with divorced parents: A risk and resiliency perspective. *Journal of Child Psychology and Psychiatry, 40*(1), 129-140. https://doi.org/10.1111/1469-7610.00427

Mikulincer, M., & Shaver, P. R. (2007). *Attachment in adulthood: Structure, dynamics, and change*. Guilford Press.

Sweeney, M. M. (2010). Remarriage and stepfamilies: Strategic sites for family scholarship in the 21st century. *Journal of Marriage and Family, 72*(3), 667-684. https://doi.org/10.1111/j.1741-3737.2010.00724.x

Webb, J. (2012). *Running on empty: Overcome your childhood emotional neglect*. Morgan James Publishing.

Wen, L., Yang, K., Cao, Y., Qu, M., & Xiu, M. (2024). Parental marital status and anxiety symptoms in adolescents: the mediating effect of childhood maltreatment. *European archives of psychiatry and clinical neuroscience, 274*(7), 1719-1727. https://doi.org/10.1007/s00406-023-01717-4

政府統計處（2023）：《香港 2021 人口普查 - 主題性報告：單親人士》。香港：政府統計處。

明光社（2018）。《永遠的父母——離婚家庭支援手冊（離婚人士及支援者適用）》。明光社。

王明玉（2024）。〈離婚再婚輔導服務及家長學堂成效評估研究暨「不一樣的家庭」家長手冊發佈會〉。載於蔡志森（主編），《燭光 157 期》（頁 20）。明光社。

聖雅各福群會家庭及輔導服務灣仔綜合家庭服務中心與香港城市大學應用社會科學系正向教育研究室（2016）。《一般家庭與再婚家庭：兒童身心健康比較」研究計劃》。https://www.cityu.edu.hk/ss_posed/ui/Publications/report_St%20%20James_final.pdf

九、網絡詐騙後的身心崩潰

文——方婷

「這段經歷讓我明白，人生的確是一場漫長的馬拉松，每個人都有機會做錯決定或面對困境，重要的是接納自己並能夠重拾勇氣站起來。沒有一步到位的順遂，所以我還在學習，還在努力，但至少，我已經找到了與自己和解的方向。」—— Nicky

Nicky，男，26 歲，因自殺問題轉介來接受心理輔導。三年前剛大專畢業的他因想賺點快錢，加入了一個群組，他觀察了兩個多星期，看到不少會員分享賺到錢。起初他先是充基本會員一千元投資手板模型，在網站看見「戶口」有少收入，便相信再充二次共 12 萬上金鑽 VIP，可與高級會員做多一點交易。Nicky 相信他投資一點金錢在手板模型，回報會比把錢放在銀行好，為累積點數，他更說服大專好友 Zing 一同加入。最後不到一個月，共虧了廿萬，當中損失的 8 萬元是其好友 Zing 的。

當生活似乎回到平靜一年多後，Nicky 為了逃避苦悶，開始沉迷網路遊戲和賭博。起初只是小額下注，但很快就失控了。每當贏錢時，那種快感讓他暫時忘記了愧疚和自責；輸錢時，又會陷入更深的絕望。他開始刷爆信用卡，不到三個月已花了辛苦存下來的六萬元。為排解內心苦痛和更容易入睡，Nicky 星期五到六天都喝酒，越來越感到自己一無所有，一事無成。令他陷入自殺危機的，是日積月累的錯敗感、沒有被疏理的負面情緒和欠缺正面改變的力量。

盯着手機螢幕的 Nicky，看着銀行帳戶裏最後一筆錢轉出，手指微微發抖，呼吸聲大得連旁人都感到壓迫。「沒事的，沒事的，錢一回來就會轉給 Zing，把之前的 12 萬全部拿回來，賺少一點也 okay。」這是 Nicky 在一個月內第 4 次「投資」，與以往不同的是，今次他投的，是舊同學 Zing 的錢。

對未來的寄望與自我安慰

「Nicky，甚麼時候能拿到錢？」Zing 期待地看着 Nicky，「聽説限量版模型現在價錢仍然高企，有貨快點放，我不貪心，想賺一萬幾千交信用卡條數⋯⋯」

「嗯嗯，你都不知行情，我會睇住！兩、三日就有！」Nicky 的聲音裏帶着連自己都害怕的狂熱，與其説是回應 Zing，這更像是説出口的自我安慰。

「我真的不懂，這平台甚麼操作，我只是信你⋯⋯得喇得喇，你有消息再找我。」看着 Zing 步出咖啡室的身影，Nicky 立刻追問「投資」動態，「按照指示入數了，可以放出去翻本了嗎？」Nicky 在訊息裏面打着。

另一邊，一直是沉默，到「投資網頁」無法登入，到警署報案後，成為一個案件，也成 Nicky 心中一道傷疤。

回憶中的自我責備

「阿 Zing 聽到我的投資時，先是沉默了一會，最終還是轉了八萬給我，我們剛畢業，我知道當時是他辛苦的積蓄了，我知道的，但當時就是想再投一點就可以把我投的一併拿回來，當時聯絡人説可以兩、三天拿到差不多三十萬，一切都太快，沒有時間想那麼多，腦海裏只剩下一個念頭：賺回來！沒有三十萬，拿 24-25 萬也好⋯⋯」坐在輔導室的 Nicky，痛苦地回憶起這段不堪的往事。「我這一輩子第一次去警署，當時還有一絲希望，就算是詐騙，警察也會幫我追回我和阿 Zing 的錢……」

時間恍然之過，那已是三年前的事了。

「所以，當時你很徬徨無助，也不知如何面對……」我看着眉頭緊皺的 Nicky，同步着他的感受。

「我們其實不是很貪心的，想工作以外投資賺少少錢。大概幾個月，腦海裏不斷重播着被騙的過程，每一個細節都讓我痛苦不堪。覺得自己好蠢！」Nicky 一臉懊悔，騙徒騙走的，往往不只是金錢，而是對人的信賴和當事人的自的價值。

「對當時的你們來說，已經是很多錢了，不止是金錢損失痛苦，還有不斷的自我批判……」

從努力工作到自我責備

「之後我頹了一段時間，Zing 亦原諒我。我做行政文員，平均大概兩萬月薪，一鋪清袋後開始拼命工作，一心想努力賺錢，大概……一年時間衣服鞋襪都不夠膽買，只是喝酒、吸煙排解壓力。想想可能是那個時候我開始討厭自己，覺得花一點錢都內疚，我連累朋友就應該受罰……」

「嗯嗯，你說那件事後你好像慢慢回復正常生活，努力工作，但覺得花錢會內疚，和討厭自己……？」我問。

「係吖，到後來，大概上年底打手遊，見到有遊戲廣告撳入去，一發不可收拾，起初只是小額一千幾百，玩了一陣我又入錢充值，是有賭錢性質的遊戲……大概兩個月，不能控制地，入一點又一點，我看了看總金額，癱坐在電腦前，渾身發冷，六萬！是我工作這年來的全部積蓄，我又花光了！」Nicky 的手指禁不住握着拳頭，眼中的淚水奪眶而出。「我真係廢，一事無成，仲要累朋友，我唔知自己有咩用 ......」

輔導室中數秒的沉默，讓 Nicky 宣洩內心的情緒。

「所以後來你驚覺積蓄都花在遊戲上，那一刻很難受，你曾經有和其他人分享過這些嗎……？」我輕聲回應。

酗酒與自我逃避

Nicky 擦一擦淚水：「無，又不是光彩的事，我怕同其他人講，他們一定會暗地裏覺得我很蠢……之後我開始失眠，白天上班時精神恍惚，常常盯着電腦螢幕發呆。無法集中注意力，腦海裏不斷想自己真廢，害人害己。」

「嗯，那麼你平日是怎樣排解這種壓抑和不快的？」我問。

「睡不着就喝酒吖，每日三、四罐啤酒，但有時還是不太可以睡。有一次我同同事食完 team building dinner，不想回家，自己又買了幾罐啤酒去海旁飲，飲到……第三罐，個腦都係覺得自己很沒有貢獻，死了可能更好，一下就跳下海……」Nicky 回憶起自己跳海的經歷。

「當時你是清晰自己的行為的？」我慢慢引導他了解自己的想法。

衝動行為的後果

「我雖然知道自己很不對勁，有時會想到死，但平日沒有決心，那天就很有衝動，當時心想：自己繼續堅持還是一樣無用，不如就今天。」Nicky 說。可幸地，在衝動跳海後不到數分鐘，Nicky 被熱心釣魚人士營救。「當時我腦內一片空白，想起都有點後怕……我分不清是一時衝動，還是借酒意去實行自己想自殺的念頭。但如果我不是那麼幸運，有人願意冒險來救我，我說真正和這個世界 bye bye 了……」Nicky 在回想事件時，不禁心生恐懼。

「我能想像到清醒後那種恐懼……」代入 Nicky 的情境，在意識不太清醒時衝動跳海，到迷迷糊糊上了救護車，醒來到時在醫院，已經在鬼門關前走過一趟。

「那次之後我還是心有餘悸……怕自己再控制不了自己，媽媽哭着說她不知道怎樣幫我，我終於覺得要正視現實，在媽媽的鼓勵下，我嘗試來求助。」

怕別人覺得自己很蠢而不求助

Nicky 的遭遇或許只是無數網絡投資詐騙案例中的一個，但這類故事在新聞、社交圈甚至網絡上層出不窮。面對這樣的不幸經歷，受害者的打擊往往不僅限於財務損失，更伴隨着深刻的心理創傷。與許多人一樣，Nicky 在經歷創傷與失敗後，初期會努力自我振作，試圖重返正軌。然而，每每當他回想起自己成為詐騙的受害者時，內心充滿了深深的內疚和自責。除了自己的損失，他還對好友 Zing 感到愧疚，這種壓抑的情緒長期未能得到接納與釋放。

許多人在被騙後，常常感到愚蠢，害怕被他人批評或質疑，甚至認為即使訴説出來也無濟於事，因而選擇默默承受。他們在面對財務困境和心理壓力的同時，獨自承擔着各種情緒。然而，研究顯示，當一個人感到恐懼、孤獨或悲傷時，若有親密的社交圈成員在身邊，將有助於降低交感神經系統的反應。長時間的近距離接觸和身體觸碰能減少心理困擾，催產素（即「抱抱荷爾蒙」）的釋放能增強彼此之間的信任，從而創造出良好的心理環境。

人總有需要別人支援的時候。廣泛的社會支持是非常重要的保護因素，是個人之間及個人與群體之間的依賴關係，當面對壓力或挑戰時，社會支持能提升個人的適應能力（Kleiman 與 Liu, 2013; Kleiman, Riskind 與

Schaefer ,2014；Selak 等 , 2024)。建立穩固的社交連結，無論是在親密圈子還是擴展群體中，都與更好的心理健康和幸福感密切相關（Tunçgenç 等 , 2023）。因此，在日常生活中找到合適的傾訴對象，或在感到無助時尋求專業輔導，都可以緩解心理危機，排解壓力，避免自己「鑽牛角尖」，陷入情緒困境而產生不理性行為。

解說

酒精和物質濫用與自殺

酒精的危險性在於它能降低人的抑制力，增加衝動行為，從而可能誘發自殺行為。以 Nicky 的案例為例，儘管他在清醒時並無明確的自殺意圖，但在酒精的影響下，他卻做出了跳海的衝動舉動，險些喪命。這正是酒精濫用如何將人推向危險邊緣的生動寫照。作為一種中樞神經系統抑制劑，酒精的長期濫用不僅會引發一系列心理和生理問題，還會顯著提高自殺風險。數據顯示，酒精依賴者的自殺風險比一般人群高出數倍，且隨着飲酒時間的延長，自殺率也隨之攀升。事實上，超過 50% 的自殺案例與酒精或藥物依賴有關（O' Connor 與 Sheehy, 2000）。更令人擔憂的是，青少年酗酒者中自殺現象也相當普遍，約 25% 的青少年自殺與酗酒脫不了關係。

此外，酒精濫用還可能加劇抑鬱症和其他精神疾病，而這些疾病本身就是自殺的重要風險因素（Sher, 2006）。不僅如此，其他物質如鴉片類藥物、可卡因和安非他命等也與自殺風險的增加息息相關。物質濫用者往往面臨社會孤立、經濟困難和法律問題，這些壓力進一步推高了自殺的可能性（Darke 等, 2010）。更糟糕的是，物質濫用還會改變腦部化學物質的平衡，從而加劇自殺傾向（Nock 等, 2008）。

酒精和物質濫用常常與其他精神健康問題共存，例如抑鬱症、焦慮症和創傷後壓力症候群（PTSD）。這些共病現象使得自殺風險更加複雜且難以控制（Brady, 2006）。因此，針對這些共病問題的治療成為降低自殺風險的關鍵策略。在疏導 Nicky 的情緒時，心理學家與他一起制訂健康生活目標，並在一個月內教會他腹式呼吸法，以幫助放鬆和提升睡眠品質，從而減少酒精依賴和自傷行為。

保護因素 vs. 危險因素

保護因素和危險因素在我們的生活中扮演着重要角色，尤其是在自殺風險的討論中。簡單來說，保護因素就像是我們的護身符，幫助我們遠離自殺的陰影；而危險因素則是那些可能讓我們陷入困境的陷阱。保護因素包括個人特質、正向經驗、良好的生活習慣和社交技巧。在個人層面，擁有積極的心態和健康的生活方式能讓我們面對挑戰時更加從容。而在社會文化層面，良好的社會支持和責任感則讓我們感受到連結和溫暖，這些都能幫助我們保持心理健康。

然而，生活中也會遇到危險因素，這些因素可以分為遠端因子和近端因子。遠端因子像是我們生活背景中已經存在的挑戰，例如遺傳因素、性格特徵或早年創傷經驗，這些都可能影響心理健康。而近端因子則是那些直接影響情緒的具體情況，例如重大疾病、藥物成癮、家庭問題或經濟困難，這些都可能讓人感到無助。

此外，社會文化層面也有許多影響因素，例如缺乏支持、媒體的報導方式以及宗教文化的壓力，這些都可能讓人感到孤單和不安。因此，了解這些保護因素和危險因素，就像是給自己裝上了防護罩，讓我們在面對生活挑戰時更加堅強和有韌性。在建立了互信的心理輔導關係後，Nicky 發現自己的保護因素（如正向經驗、社會支持和個人特質）並不堅韌，而執着內斂和自我批判的性格、被騙的創傷、經濟困難、沉迷網路遊戲和賭博，都是引領他陷入自殺危機的危險因素。

自助五部曲

當我們遭遇難以言喻的壓力事件時，常常會感到無助、孤立無援，甚至陷入情緒低谷。這種狀態不僅影響心理健康，還可能對日常生活造成嚴重干擾。以下從心理學的角度，提供一些實用建議，幫助你應對這些挑戰:

1. 接納情緒，允許自己感受

近年來，心理學強調的正向並非強行壓抑情緒，而是**接納自己的情緒**。這是邁向復原的重要第一步。當你感到無助時，不要批判或否定這些感受，而是允許自己去體驗它們。告訴自己：「我現在感到無助，這很正常，這不代表我軟弱。」這種接納能減少情緒對抗，避免陷入更深的痛苦。

練習

時常覺察並寫下自己的情緒。

2. 尋求社會支持

社會支持是心理韌性的重要來源，與自殺意念之間存在強烈的關聯，即使在控制了社會人口因素、居住情況和其他因素後，中等或高水平的社會支持與五年後報告自殺意念的概率顯著降低相關 (Otten 等，2022)。日常與他人分享你的感受亦能顯著降低壓力水平 (Cohen 與

Wills, 1985）。因此，你可以選擇信任的朋友、家人，或加入支持團體，將你的困擾表達出來。即使對方無法提供具體解決方案，單純的傾聽和陪伴也能帶來極大的安慰。即使不想細緻分享經歷，也可以透過參與團體活動（如短期興趣班或徒步）與群體相處，避免長期孤立和胡思亂想。

練習

每周最少一次與朋友聚會，或參與群體活動。

3. 照顧身體健康

身體健康與心理健康密不可分，兩者相互影響。良好的身體健康能提升心理狀態，例如規律運動能釋放安多酚，減輕壓力和焦慮（Craft 與 Perna, 2004）。研究發現不論男女，將運動作為健康活動的有較低的自殺行為（Taliaferro 等 , 2008）。反之，長期壓力可能導致免疫力下降，增加患病風險（Cohen 等 , 2007）。規律運動、充足睡眠和均衡飲食能顯著改善情緒狀態。即使每天只是到公園散步 30 分鐘，也能幫助你釋放壓力荷爾蒙，調整心情。

練習

每天最少 6 小時睡眠；每周最少三次，每次不少於 30 分鐘的運動時間；穩定的進食時間和均衡飲食。

4. 重新框架認知

在遭遇難以言喻的壓力事件時，重新建立和框架認知（reframing）是恢復心理平衡的重要策略。除了承認壓力的存在並允許自己感受情緒，我們還可以嘗試從不同角度看待事件，例如思考從中學到了甚麼。這種認知重構能幫助我們找到意義，並降低無力感（Park, 2010）。此外，將注意力轉移到可控的事物上，例如制定小目標或專注於當下的行動，也能增強掌控感（Folkman 與 Moskowitz, 2000）。

練習

事件：________________

我的感受：____________

我的想法：______________

我學習到的：____________

我可以調整的：___________

5. 尋求專業幫助

如果你發現自己長期處於無助狀態，或壓力已經影響到日常生活，尋求心理諮商或治療是一個明智的選擇。心理學家或心理治療師能提供專業的支持和工具，幫助你更好地理解和應對壓力。詳情請參考第三章。

輔導後的改變

在輔導初期，心理學家的主要目標是協助 Nicky 梳理和覺察那些未被發現且長期壓抑的情緒，例如自責、內疚、不忿和哀傷等。這些潛伏的情緒默默影響着 Nicky 的自我評價，並成為他心理困擾的核心。由於這些根本的心結未被妥善處理，即使在被騙後的生活逐漸恢復正常，Nicky 仍可能因創傷經歷而被拉入另一個危機，例如濫用酒精和沉迷手遊等逃避行為。經過三節輔導後，Nicky 逐漸減少情緒對抗，並能更清晰地表達內心的感受和想法，這為進一步的治療奠定了基礎。

另一個重要的輔導目標是全面提升 Nicky 的「生活健康」。由於長期累積的負面情緒和想法，Nicky 的希望感和對未來的信心被嚴重消耗，潛意識中更產生了「不值得」的自我認知。心理學家以不批判和真誠的態度與 Nicky 同行，共同建立實際可行的生活方式，包括放鬆身心以提升睡眠品質、檢查日常飲食營養，以及培養每天正念步行 30 分鐘的習慣。這些具體的行動幫助 Nicky 逐步恢復對生活的掌控感。在 Nicky 能夠與自己和解並保持穩定的情緒和生活節奏後，心理學家進一步引導他增加與他人的聯繫，並設立培養興趣的小目標，以增強其對生活的自控感和意義感。

經過三個月的心理輔導，Nicky 開始接納過去的錯誤，重建健康的作息，並減少了自我憎恨的感覺。這一改變的核心在於重新接納和放下過去，並認識到「當下的自己或許並不完美，但人是能夠改變的」。這種認知上的轉變為 Nicky 的心理復原提供了重要的動力，也為他未來的成長奠定了堅實的基礎。

改變的一念，是重新接納自己和放下過去。

參考文獻

Bahar Tunçgenç et al. (2023).Social bonds are related to health behaviors and positive well-being globally. *Sci.Adv., Vol. 9* (2) , 3715. DOI:10.1126/sciadv.add3715

Brady, J. (2006). The association between alcohol misuse and suicidal behaviour. *Alcohol and Alcoholism, 41*(5), 473-478.

Caplan, G. (1974), Support System and Community Mental Health: Lecture on Concept Development, Behavioral Publications.

Cobb, S. (1976). Social Support as A Moderator of Life Stress. *Psychosomatic Medicine, 38*, pp. 301-314. Craft, L. L., & Perna, F. M. (2004). The Benefits of Exercise for the Clinically Depressed. *Primary Care Companion to The Journal of Clinical Psychiatry*, 6(3), 104-111.

Cohen, S., Janicki-Deverts, D., & Miller, G. E. (2007). Psychological Stress and Disease. *JAMA, 298*(14), 1685-1687.

Cohen, S., & Wills, T. A. (1985). Stress, social support, and the buffering hypothesis. *Psychological Bulletin, 98*(2), 310-357.

Conner, K. R., Bridge, J. A., Davidson, D. J., Pilcher, C., & Brent, D. A. (2014). Metaanalysis of mood and substance use disorders in proximal risk for suicide deaths. *Suicide and Life-Threatening Behavior, 44*(1), 1-12.

Darke, S., Kaye, S., McKetin, R., & Duflou, J. (2010). Major physical and psychological harms of methamphetamine use. *Drug and Alcohol Review, 27*(3), 253-262.

Folkman, S., & Moskowitz, J. T. (2000). Positive Affect and the Other Side of Coping. *American Psychologist*, 55(6), 647-654.

Nock, M. K., Hwang, I., Sampson, N., & Kessler, R. C. (2008). Cross-national analysis of the associations among mental disorders and suicidal behavior: Findings from the WHO World Mental Health Surveys. *PLoS Medicine*, 5(5), e105.

O'Connor, R. & Sheehy, N. (2000). Understand suicidal behaviour. Wiley.

Park, C. L. (2010). Making Sense of the Meaning Literature: An Integrative Review of Meaning Making and Its Effects on Adjustment to Stressful Life Events. *Psychological Bulletin, 136*(2), 257-301.

Sher, L. (2006). Alcohol consumption and suicide. QJM: *An International Journal of Medicine, 99*(1), 57-61.

十、誰能聽見我的害怕？

文——黃家盈

「有時候我會做錯，有時上課聽不懂。我知道，錯了可以改，慢慢就會進步，不用怕！老師和媽媽都看見我的努力，我不需要離開，因為他們會陪着我。」——晴晴晴晴是個 6 歲的小一新生，性格柔弱敏感，自小在家庭中被溫和照顧，很少接觸嚴厲或批評性的語言。升讀小學後，面對學業壓力、老師嚴厲的態度和繁重的功課，她感受到前所未有的失控與無力，導致情緒壓抑、身心退縮、興趣減退及輕生想法的出現。令晴晴產生輕生念頭的主因，來自於多方面壓力的交疊——學業難度的驟然上升、學校環境的陌生與威脅、老師責備的語氣加劇自我否定，再加上本身對被責罵極度敏感的性格特質，使她無法有效調節情緒，逐漸感到絕望並出現自我消失的想法。這些輕聲細語中的絕望訊號，幸得母親及時察覺，並主動求助，才讓改變的契機得以出現。

在這段歷程中，晴晴所經歷的，不單是一次環境適應的失敗，更是一場內心世界的崩塌。她原本將努力與被愛畫上等號，卻在反覆的責備中，慢慢將自己歸納為「無能」、「不值得被喜歡」的小孩。當一個孩子，連最基本的「值得存在」的信念也開始動搖時，加上無法信任新環境中的人，自我消失的想法便悄然萌芽。晴晴的故事提醒我們，表面平靜的孩子，內心或許正在經歷着難以言喻的痛苦，而一個溫柔而堅定的回應，有時能在他們即將放棄之際，點亮一絲希望的微光。

「媽咪，我是不是很差？」晴晴低着頭，小聲地問。她穿着整齊校服，雙腳擠在一起，坐在沙發上，緊緊靠着母親。那一刻，她就像一朵被雨水打濕的小花，眼神飄忽，聲音輕得像要被風吹走。

母親的焦慮與內疚

「不是呀，晴晴。」媽媽連忙抱緊她，眼眶已泛紅。

望着坐在對面母女，溫柔的媽媽帶着內疚，我好奇這麼乖巧的小女孩，為甚麼會覺得自己沒有價值，於是輕聲問道：「晴晴，是甚麼令你覺得自己好差？」

晴晴的聲音細得幾乎聽不見：「學校……老師……」。

媽媽偷偷抹了一下眼睛，輕聲補充：「升小一之後，她越來越不開心。每朝都要叫好多次才起身，上學好像行刑一樣……」

我留意到晴晴的呼吸有點緊張，於是問晴晴：「現在上學是不是很辛苦了？」

她微微點頭。

學校生活的變化與不適應

「嗯，跟幼稚園的時候不一樣……？」我嘗試慢慢的和她取得連結。

她有回害羞，輕聲說：「全部都不一樣。」

媽媽見狀，接着補充：「開學不久，佢就開始說不想上學，說肚子疼。回到家中又不願打開書包，有時坐在書桌大半天，連個名字都沒寫。我問她為甚麼不做，她只是哭着說不想上學……跑回房中抱着大哭，叫着『不要再迫我！再迫我就不想活下去了！』，我嚇得抱着她大罵說甚麼傻話……然後問她發生甚麼事，她也不想說了。我現在想，是不是我讓她看了新聞令她胡思亂想……」媽媽哽咽着說。

晴晴的身體變得僵硬，她一直低下頭，動也不敢動。氣氛突然變得緊張，媽媽的情緒也越來越激動。她們第一次將晴晴想死的意圖說出來，面對這個嚴肅的議題，房內的氣氛亦變得緊張起來。

我先安慰媽媽：「其實小孩比我們想像的更早就有死亡的意識和概念，重要的是晴晴說到想要死，一定發生了甚麼令她感到辛苦，而媽媽你看到晴晴的辛苦，很擔心，又不知道怎樣幫助她，對嗎？」

媽媽邊流着淚，邊心疼地說：「對啊，我們都很擔心，不想她出事呀。」

這時晴晴望向媽媽，亦開始雙眼通紅。

母女情緒釋放

因觀察到晴晴的情緒開始波動，我擔心她在自責。當孩子還未發展到完全理解父母的擔憂時，很容易將父母的擔憂和傷心，誤以為是自己造成。因此並沒有刻意去追問她要脅想死的言論。在此刻，更重要的是輕輕的走進她的世界，了解到底經歷了甚麼令到她如斯痛苦，說出了「輕生」這個想法。我問：「晴晴，你是不是擔心自己令到媽咪不開心了？」她用力地想控制內心的激動，小手抓着裙子，她愈用力，身體愈顫動。可是內心的情緒波瀾洶湧，晴晴再也憋不住，哭了出來。

輔導室是一個讓當事人安全釋放和面對自己情緒的地方，每個情緒都有它的意義，表達着內心的一些需求。而好好去接着並肯定當事人的情緒，對於他們接納和表達更多自己尤關重要。我將手輕輕搭在晴晴的手臂上表示支持，緩緩地說：「晴晴，很多謝你告訴我們你的擔心，我們現在明白你的辛苦，也知道可以怎樣幫助你。謝謝你的坦白啊。」媽媽自然地輕撫着晴晴的頭，讓晴晴慢慢舒緩情緒，不久晴晴的呼吸也漸漸由急速變得緩和。

接納與情感支援

讓她們都把壓抑着的感受說出來之後，是時候進一步幫助晴晴表達自己內心的痛苦。小孩子呼喊着尋死，我聽到的是求救。我向晴晴解釋：「我聽得出，上學令你好辛苦，媽媽見到你辛苦，不知道怎樣幫你，她很擔心。事情可能有點困難，我相信我們一起試，可以解決的。你會想跟我們一起試試嗎？」她望向我，眼中多了一點希望，點點頭。

見她的情緒慢慢平靜下來，我試探着問道：「你可以告訴我，在學校發生了甚麼事嗎？」

她小聲哽咽說：「老師常常罵人……說我做錯……說我不專心……」

「嗯嗯，老師罵你一定好難受……」我回應着她的感受。「你願意和 Shirley 姐姐說多一點，老師是只是罵你？還是也有罵其他同學呀？」

「老師好大聲，好可怕……」晴晴聲音顫抖着「我怕下一個就是我……」

媽媽看到女兒的委屈，立即幫忙解釋道：「她從小到大都不需要責罵，很懂事。我們在家裏都很少大聲說話，唔慣這些嚴厲的氣氛。」

頃刻，我明白了晴晴不適應和感到不開心的原因，回應媽媽說：「由溫和環境，突然轉到比較嚴肅的地方，對晴晴來說，可能真的比較大壓力……」

晴晴的恐懼與自我懷疑

「媽咪，我做得不好，所以你們不開心？」晴晴突然抬頭問，眼裏滿是害怕。

媽媽一愣，眼眶立刻泛紅。「不是呀，晴晴。媽咪最緊張是你開不開心。」她邊說邊緊緊抱住女兒。

空氣中彷彿凝住了一層無形的痛苦，然後，我聽見晴晴輕輕地問了一句：「如果我離開，是不是不用再被罵，不用再上學？」晴晴再次表達自己「想離開」的想法，看到她願意剖白自己的內心，一方面樂見晴晴更願意表達自己，一方面提醒自己要小心回應，輔導室裏盛載着脆弱的小心靈等待着被照顧。

媽媽再次流下眼淚：「那晚……」媽媽聲音哽咽，「我見到她站在窗邊，望住外面發呆。我問她在幹嘛，她說『如果我離開這個世界，是不是就不用再辛苦……』嚇得立刻抱着她……」室內一片靜默，只聽見母親細碎的啜泣聲。我嘗試講出媽媽心裏的感受：「當時聽到她這樣說，媽媽你一定好擔心，我聽到你知道如果晴晴有甚麼事的話，你一定會盡全力保護她。」媽媽連續點頭，晴晴好像也聽懂媽媽對她的着緊。

「晴晴，我聽到你說被罵，你不喜歡，感到好痛苦，是不是呀？」我輕輕問。

晴晴點點頭，聲音小小的：「我努力了，但做得不好……老師罵我……媽咪傷心……我覺得自己好差……」

我慢慢靠近她：「我們知道，你好努力想做好，想媽媽開心，用了好大勇氣去面對啊。」當她的用心被看見，痛苦被明白，晴晴好像鬆了一口氣，小小地吸了吸鼻子：「對……我不是想死，但我不知道怎麼辦……」

遊戲治療中的解脫

我們都明白，有時「想死」只是當事人想解決問題的其中一個方式，若果她有更積極可以處理問題的方法和能力，危機就會大大消減。在與小朋友做輔導時，連續的問答也許會讓他們感到壓力，因此我安排了遊戲治療的部分。在第一、二次的輔導，晴晴只是靜靜地畫畫，或者一個人擺積木。後來，她邀請我一起用娃娃演戲，一個娃娃扮老師責罵，一個娃娃躲在角落。她捏緊娃娃的衣角，嘴角微微顫抖，似乎在把自己當成被責罵的角色。

「你又做錯啦！」晴晴用娃娃學着老師的口吻。

這時候，我也代入遊戲中，借助角色幫助晴晴表達內心世界。我輕輕接過另一個娃娃，柔聲說：「我已經盡力啦。」晴晴抬頭看着我，眼神有些驚訝，還有一絲希望。小孩的世界很單純，正因着這份單純，他們還未懂得面對複雜的情緒。能夠幫助他們反映情緒和內在需要，光是「被明白」，也可以幫助到他們消解困苦。

有一次，她用一個娃娃說錯答案，另一個娃娃輕聲安慰：「沒問題，我們可以再試過。」我刻意的說：「再試過，代表有機會做對，晴晴也希望老師這樣講嗎？」她輕輕點頭，臉上浮現出久違的微笑。

就這樣，我們在建立了信任的輔導關係後，我用不同的方法去協助晴晴釋放自己，之後我邀請她用情緒卡片代表感受，有時候從身體反應認識自己的情緒。「當肚痛時，你心裏係擔心？定係害怕？」我問。

「是擔心……怕老師不喜歡我。」她拿着選好的情緒卡片細聲回答。

「好，晴晴現在已學習了意識自己有不同情緒，那麼，如果我們的情緒是一個溫度計，你就可以記錄自己每天的情緒『溫度』。」我邀請晴晴一起畫情緒溫度計，從「冰冷」到「熱燙」，讓她更具體學習表達自己的感受，即使在家，也可以記錄下來。提高情緒覺察也能夠幫助到晴晴去抒解情緒。

改變溝通方式，建立信任

在過了三節的輔導後，我協助媽媽與班主任溝通，班主任亦釋出善意，接受了我們的建議，改變了和晴晴溝通的方式：「晴晴，老師知道你有努力，小一的課程變深，而你有嘗試努力做好，有時在學習過程中錯了並不要緊，你可以讓老師知道你需要幫助，相信你會越來越進步。」那一刻，晴晴眼睛亮了起來。而媽媽亦調整了態度，減少催促功課，多安排她參加喜歡的畫畫班、去公園踏單車。漸漸地，晴晴開始再次笑着分享學校的趣事，慢慢不再抗拒校園生活。

心理學家筆記

在晴晴的經歷中，幸而母親能及早察覺到女兒的情緒異變，並及時尋求專業輔導，這一行動成為了扭轉局勢的關鍵一步。透過遊戲治療與情緒教育的介入，晴晴逐漸學會辨識及表達自己的情緒，從絕望的邊緣慢慢走回希望與自信。根據英國心理健康慈善機構 YoungMinds (n.d.) 的說明，當孩子在學校面對壓力與焦慮，而未獲得足夠理解與支援時，可能會出現身體不適、退縮、對自我能力產生懷疑，甚至抗拒上學。六歲的晴晴正是處於這樣的關鍵節點——從遊戲主導的幼稚園環境，過渡至講求紀律與成績的小學生活，身心尚未適應，情緒卻已被推到臨界邊緣。

香港近年的研究亦指出，小學生在升學及校園適應過程中，普遍面臨明顯的壓力。《2024 年香港學童快樂與生命教育指數報告》指，小四至中三學生的校園幸福感指數在一年內下降了 2.43%，而學業壓力指數則維持在偏高水平（3.19/5 分），可見本港學童的學業負擔可不少，而幸福感則越來越低（何濼生，2024）。城市大學的調查（亦發現有近三成的小學生有中等程度或以上的抑鬱（27.4%）、焦慮（21.6%）和壓力水平（29.2%）。晴晴自升上小一後，從活潑開朗漸漸變得焦慮退縮，害怕老師責備，甚至出現輕生念頭，正是這些統計背後的一個真實例子。本地近期亦有研究指，兒童及青少年的抑鬱，欺凌，孤獨感，對自己的信念和關懷，都與自殺的一念有關（Zhu 等，2023）她的故事讓我們看見，在看似平凡的校園生活中，孩子們可能正默默承受着無法言說的壓力與痛苦。數據背後，是一個個需要被理解、被接住的靈魂。

解說

當壓力超出承受範圍：適應障礙的警號

從晴晴的行為反應，她的情況可被理解為「適應障礙」（Adjustment Disorder）的典型反應。根據《精神疾病診斷與統計手冊第五版》（DSM-5；APA, 2013），當個體面對重大生活轉變或壓力事件，而未能在預期時間內有效調節，便可能出現如情緒低落、焦慮、社交退縮、身體不適及逃避行為等表現。嚴重情況下，甚至會出現自傷或極端想法。Lee 等人（2024）指出，在接受兒童精神健康門診的個案中，約有 8-16% 被診斷為適應障礙，反映這類困擾在學齡期並不罕見。

晴晴升上小一後，要適應課堂紀律、作業要求與人際互動規則。學習環境由自由互動轉變為規範明確、以成績為重心的制度，而管教方式亦由溫和轉為嚴厲。若未有情緒支援配合，極易在入學初期出現情緒波動（Margetts, 2002）。退縮、身體不適與哭鬧，亦是晴晴在適應轉變的困難中產生壓力反應。當外在環境帶來難以負荷的壓力，而內在理解又未成熟時，晴晴的情緒困擾便累積成更深層的痛苦，而她無法被適當表達或理解時，最後以極端的語言形式浮現。晴晴曾出現拒學、情緒波動、肚痛及自我否定等反應，正正符合適應障礙的主要表現特徵，提示了她正經歷着適應上的重大困難，並需要及時介入支援。

壓力從環境而來，反應從關係而生

晴晴面對的轉變是環環相扣，踏入小學階段，由晴晴的個人成長以至社會環境對她的期望都有所變化。Bronfenbrenner（1979）提出的生態系統理論（Ecological Systems Theory）指出，兒童的心理發展深受五層系統的交互影響：

- **微系統（Microsystem）：**如晴晴與母親、老師的直接互動。
- **中系統（Mesosystem）：**如家校之間的聯繫與溝通質素。
- **外系統（Exosystem）：**如家庭內部的情緒壓力，或社會對學業的高期望。
- **巨系統（Macrosystem）：**如文化中「成績決定價值」的信念。
- **時間系統（Chronosystem）：**如升小一這種轉變所帶來的適應挑戰。

在這些層層壓力交疊之下，若缺乏適時的支持與情緒理解，兒童便容易發展出焦慮、退縮或逃避行為，晴晴的害怕和擔心，正正就反映出她內心的焦慮與不安。

此外，從 Piaget（1952）認知發展理論角度分析，6 歲的孩子正處於「具體運思階段」，晴晴雖能理解基本邏輯關係，但對於「努力不等於完美」、「成績不是唯一標準」等抽象概念，仍未具備成熟理解。若成人未能以晴晴能理解的程度說話，解釋目標與期望，她很多能將失敗簡化為「我不好」，並因此產生羞愧與自責感。心理學家透過在晴晴微系統的直接互動，幫助她重塑自我價值，在遊戲時間讓晴晴表達情緒和被理解；心理學家亦與母親同行，協助她以適齡語言與晴晴溝通，重新詮釋學校要求，減輕孩子對失敗的自我歸因。

當孩子說「不想做人」，他其實想說甚麼？

在情緒極度困擾下，晴晴雖未必能清楚表達「我想結束生命」，而是以「我不做人了」、「沒有人在乎我」、「即使我不上學，你們也不會察覺」等語句，透露出內心深層的無力感與孤立感。近年香港政府委託中文大學與本港約6000名6至17歲的在學兒童及青少年進行調查（香港立法會秘書處研究部，2024），發現有6.9%的學童在2023年曾表有自殺行為。雖然中學生的情況較為嚴重，而小學生有輕生念頭及行動的情況亦不容忽視。

近期研究亦指出，3至7歲的兒童中，自殺意念與行為的比例介乎4%至13%（Dervic與Oquendo, 2019）。即使這些表現未必代表清晰的自殺意圖，但卻反映出內在極度的情緒困擾，常常伴隨着死亡主題的言語或遊戲，亦可視為心理痛苦的轉化方式。

更值得注意的是，學前期曾表現出自殺意念的兒童，約有四分之三會將此模式延續至小學階段，故早期辨識與介入至關重要。

事實上，Schonfeld與Demaria（2016）指出，大多數兒童在五至七歲之間會逐漸理解死亡的不可逆性、功能終止、普遍性與因果性等概念。而當他們在這個階段經歷重大失落、壓力或哀傷時，往往會透過語言、遊戲或行為表現，反映出對死亡的思考與情緒反應。這些表現有時可能帶有幻想色彩，混雜着自責、恐懼與無力感，因此不應簡單視之為情緒化反應，而是值得高度關注與即時介入。

Joiner（2005）在人際心理痛苦理論（Interpersonal-Psychological Theory of Suicide）中指出，當個體同時經歷「感到被孤立」（Thwarted Belongingness）與「負贅感」（Perceived Burdensomeness）這兩種核心狀態時，自我傷害的風險會顯著上升。

當晴晴說出「如果我離開這個世界，是不是就不用再辛苦」這句話，並不是單純的情緒化誇張，而是一種童稚而真實的求救語言。面對晴晴的求救語言，心理學家以傾聽和認同回應，讓她感受到情緒是可以被理解和接納的；同時，與母親一起合作訂立應對策略，確保晴晴在微系統有穩定的支持，建立安全感。

自助五部曲

當孩子陷入情緒困擾時，他們往往無法用清晰的語言表達內心的痛苦，更多是以退縮、哭泣、身體不適，甚至自我否定的方式，向身邊的人傳遞求救訊號。作為家長，我們未必能即時理解孩子細微的變化，但我們可以學習用心傾聽，用行動陪伴，成為孩子情緒風暴中的錨點。以下五個方法，讓家長在日常生活中，透過簡單而具體的行動，支持孩子走過困難，重新連結希望與力量。如果我們也能像晴晴和她的媽媽一樣，及早採取這些方法，也許就能更快走出情緒死角。

1. 用身體語言回應，而不是急於用説話教導

當孩子陷入情緒低潮時，第一時間最需要的，不是説教或生硬的鼓勵，而是被靜靜地陪伴和接納。試着蹲低身體與孩子保持視線平行，輕輕拍着孩子的背、握着孩子的手，或者只是靜靜地坐在他旁邊。這種無聲的支持，比任何一句「你要開心點」來得更有力量。讓孩子感受到：即使在痛苦時，身邊仍有一個溫暖而穩定的人。

陪伴方法

可以輕聲説「我在這裏陪你」，然後用輕柔的動作，例如輕拍背脊或搭着肩膀，讓孩子知道，即使此刻説不出話，都有人願意靜靜陪伴。

2. 認同孩子的感受，而非急於解決問題

孩子説「我很難過」、「我做不到」時，家長最自然的反應可能是：「沒事的，不要想太多。」、「試多幾次就得。」然而，這樣的回應反而令孩子感到自己的感受被忽略。更好的做法是，先認同孩子的情緒，例如：「我知道你真的很難受。」或者「你已經很努力了，這種難過是可以理解的。」認同孩子的感受，是陪伴他們走出困境的第一步。

陪伴方法

聽到孩子説負面説話時，不要立即反駁，可以先重覆一次孩子的説話，例如：「你覺得自己好辛苦，是不是？」

讓孩子感覺被理解，而不是被否定。

3. 建立小小的可控感，幫助孩子重新找回力量

當孩子覺得所有事情都失控時，可以一起設立一些小目標，讓他重新感受到「我可以做到」的經驗。這些目標不必與功課或成績有關，可以是「今天試試自己選想吃的水果」,「放學後和媽媽一起在公園散步十分鐘」。一點一滴的自主感累積，能慢慢修補孩子破碎的信心。

陪伴方法

家長可以列出兩至三個簡單的選項，讓孩子自己選擇，例如「你想先洗澡，還是先食飯？」，讓孩子從細微地方開始感覺自己有掌控權。

4. 以遊戲和故事作為情緒表達的橋樑

對小朋友來說，直接說出情緒往往很困難，但透過遊戲、繪畫或故事，他們可以更安全地表達內心世界。家長可以陪孩子畫一幅「今天心情的天氣圖」，或者講一個小動物如何面對困難的小故事，再輕輕引導：「你覺得你今天比較像哪一個小動物呢？」這種非直接、低壓力的方式，有助於孩子將情緒外化，而不是壓抑在心裏。

陪伴方法

準備簡單的畫紙和彩色筆，一起隨意畫「心情天氣」；

或者用玩偶角色扮演，例如用熊仔表達「今天小熊不開心」，然後問：「小熊為甚麼會那麼傷心呢？」引孩子自然投射出自己的感受。

5. 當孩子出現極端語言時，平靜而認真地回應

若孩子說出像「我不想做人了」、「我跳下去就好了」這類話，家長切勿以「別亂說話」來打斷。這些話語，往往是他們內心極度無助與絕望的真實表現。可以溫柔但認真地回應：「我聽到你說這句話，知道你真的很難受。你這樣想，一定是因為心裏很痛很痛。告訴媽媽／爸爸，讓我們一起想辦法幫你。」以平靜、認真的態度回應，既讓孩子知道自己的痛苦被看見，也打開了求助和介入的空間。

陪伴方法

家長可以先深呼吸，穩定自己情緒後，再用柔和而認真的語氣回應孩子的話，並可以溫柔地邀請孩子：「可以同我多講一些你在想甚麼嗎？我好想了解你。」

每一個在情緒困擾中的孩子，內心深處其實都渴望自己的情緒能夠被家長接住和理解。家長不需要成為完美的拯救者，只需要用溫柔的陪伴、認真的傾聽，讓孩子知道：無論發生甚麼事，都有人願意留在他身邊，同行一段路。這份陪伴，就是孩子最重要的希望種子。

輔導後的改變

從第一次見面開始，我便安排每星期與晴晴會面一次。經歷了約 10 次的會談後，我們在一場又一場遊戲與交流中，見證着她細緻而緩慢的改變。

在輔導過程中，晴晴透過遊戲與角色扮演，重現了她在學校中經歷的無助與焦慮。我們亦運用了情緒卡片和情緒溫度計等工具，協助她逐步辨識與命名自己的感受，讓模糊的情緒有了可以被理解與表達的出口。這些歷程，不僅為晴晴紓緩了積壓的壓力，更幫助她重新詮釋「錯誤」與「被批評」的意義。

透過一場又一場的遊戲，晴晴學會以新的語言說出：「我已經很努力了」、「我只是害怕老師生氣」，不再將一切歸咎於「我不好」。這些轉變，標誌着她已經從情緒的風暴中，慢慢找回自己的位置與聲音。

母親的態度亦在這個歷程中出現了微妙而深遠的改變。她不再日復一日地催促晴晴完成功課，而是安排她參加畫畫班，放學後帶她到公園踏單車，假日一同做手工，讓生活重新與快樂連結起來。

「我想讓她知道，人生不只是做功課與上學，還有很多可以讓人快樂的事情。」母親在會談中輕聲說道。

這些細緻的轉變，讓晴晴逐漸重新連結到快樂與成就感。她的情緒變得穩定，開始願意主動分享學校的事，也越來越有勇氣再次面對學習上的挑戰。

晴晴的故事提醒我們：孩子的求救，不一定是哭聲，也可能是一句輕聲細語的「我不想再上學」。

但若我們願意停下來傾聽、陪伴與理解，那一念之差，可能就是他們選擇留下的理由。

改變的一念，是有人願意站在身旁，無條件支持。

參考文獻

American Psychiatric Association. (2013). *Diagnostic and statistical manual of mental disorders* (5th ed.). American Psychiatric Publishing.

Bronfenbrenner, U. (1979). *The ecology of human development: Experiments by nature and design*. Harvard University Press.

Dervic, K., & Oquendo, M. A. (2019). Suicidal and self-harming preschoolers. *Journal of the American Academy of Child & Adolescent Psychiatry, 58*(1), 22-24. https://doi.org/10.1016/j.jaac.2018.07.895

Joiner, T. E. (2005). *Why people die by suicide*. Harvard University Press.

Lee, E., Lau, C., & Duffy, L. (2024). The prevalence and treatment of adjustment disorders among children at outpatient mental health clinics. *Journal of Child and Adolescent Counseling, 10*(4), 499-514. https://doi.org/10.1080/23794925.2023.2292035

Margetts, K. (2002). Transition to school—Complexity and diversity. *European Early Childhood Education Research Journal, 10*(2), 103-114. https://doi.org/10.1080/13502930285208981

Piaget, J. (1952). *The origins of intelligence in children* (M. Cook,

Trans.). International Universities Press. (Original work published 1936)

Schonfeld, D. J., & Demaria, T. (2016). Supporting the grieving child and family. *Pediatrics, 138*(3), e20162147. https://doi.org/10.1542/peds.2016-2147

YoungMinds. (n.d.). *School anxiety and refusal*. Retrieved March 26, 2025, from https://www.youngminds.org.uk/parent/parents-a-z-mental-health-guide/school-anxiety-and-refusal/

Zhu, S., Li, X., & Wong, P. W. C. (2023). Risk and protective factors in suicidal behaviour among young people in Hong Kong: A comparison study between children and adolescents. *Psychiatry Research, 321*, 115059. https://www.suicideinfo.ca/wp-content/uploads/2024/10/1.-Risk-and-protective-factors-in-suicidal-behaviour-among-young-people-in-Hong-Kong.pdf

何濼生（2024）。《2024 年香港學童快樂與生命教育指數報告》。嶺南大學 STEAM 教育及研究中心。

香港立法會秘書處研究部（2024）。香港青少年的心理健康（ISSH22/2024）。香港立法會秘書處。https://app7.legco.gov.hk/rpdb/tc/uploads/2024/ISSH/ISSH22_2024_20241028_tc.pdf

第三章

從絕望到希望：心理分析

一、遇上自傷與自殺的情況

在這個瞬息萬變、壓力重重的時代，人類的生活品質與醫療條件雖因科技雖而不斷提升，卻越來越多現代都市化社會的人在生命的邊緣徘徊，掙扎於絕望與希望之間。高壓環境正讓越來越多的人經歷心理不穩定的風暴，這種狀態可能表現為情緒的劇烈波動、衝動行為，甚至是自我傷害或自殺意念。

世界衛生組織（WHO, 2023）的最新數據顯示，全球每年約有 70 萬人死於自殺，而更令人擔憂的是，非自殺性自我傷害（Non-Suicidal Self-Injury, NSSI）在青少年和年輕成人中的盛行率高達 15-20%（Klonsky 等 , 2021）。

而在香港，2023 年自殺人數達到近 10 年的新高，總計 1,092 人，自殺率為每 10 萬人口中有 14.55 人（撒瑪利亞防止自殺會 , 2023）。特別是 30 歲以下的自殺率創下近 8 年新高，其中 20 至 29 歲的群體增幅最為顯著，且連續 4 年上升。15 歲以下青少年自殺率也顯著增加，而長者的自殺比例更高達 44.2%。

在一項本土研究中發現，受訪的香港 15-19 歲的青少年報告稱會主動尋求專業資訊和非正式協助，但不會直接尋求專業精神健康服務介入支持。值得注意的是，污名化的態度與認為自殺是無法避免的想法會影響求助動機（Chen 等 , 2024）。長者方面，自殺比例更高達 44.2%；而自殺者當中，平均每 2.3 名就有一名是長者，事實是，相對其他年齡層，高齡人士較常經歷長期病、摯親的離開、獨居等問題困擾，令他們倍感壓力與孤獨（香港大學香港賽馬會防止自殺研究中心 , 2025）。不僅是香港，鄰近的中國、南韓和日本等地，近年來自殺率同樣呈上升趨勢。即使沒有戰爭，許多生命依然在日常生活中與內心的戰鬥對抗，於積極希望與消極絕望之間跌盪，在把生存的動力燃燒殆盡後，拿起出最後的力量，去完結痛苦。

為甚麼人們會在極度痛苦時選擇傷害自己？自殺衝動背後隱藏着怎樣的心理機制？這部分我們一同來探索

這個敏感卻重要的議題，並提供基於實證研究的預防與介入策略。

自殺和自傷的人都是處於心理不穩定狀態？

心理不穩定（Psychological Instability）雖然不是一個正式的診斷名詞，但它準確描述了個體在情緒、認知和行為上出現的顯著波動狀態。這種狀態常見於多種心理障礙中，包括抑鬱症、邊緣型人格障礙（BPD）和創傷後壓力症（PTSD）等（APA, 2022）。

心理不穩定的核心特徵包括：

情緒失調：個體的情緒往往像坐過山車般，在極度憤怒、悲傷或空虛感中劇烈擺動（Linehan, 1993）。

難於控制衝動：個體對衝動控制較弱，可能表現為暴食、物質濫用、危險駕駛或自我傷害等危險行為。

認知扭曲：個體表現出非黑即白、絕對化的思維方式，如「我一無是處」、「沒有人在乎我」、「我死了大家都會更快樂」等思考模式（Beck, 1976）。

以上三點特徵共同構成了一個危險的心理漩渦，將個體一步步推向自我毀滅的邊緣。

自我傷害（Self-Harm），或稱非自殺性自傷行為（Non-Suicidal Self-Injury, NSSI），是指個體故意傷害自己的身體，卻不帶有自殺意圖的行為。自我傷害行為可被視為一種不恰當的方法應對生活上的困難，指當事人直接及刻意地殘害自己的身體，包括割傷和用力抓傷自己、服用過量藥物、拳打牆壁、用鹽/ 冰灼傷身體等多種行為。根據《精神疾病診斷與統計手冊》（DSM-5-TR），NSSI 被列為需要進一步研究的臨床現象，因為它雖然不是獨立的精神疾病，但常伴隨抑鬱症、焦慮症、邊緣型人格障礙（BPD）、創傷後壓力症（PTSD）等心理問題（APA, 2022）。

常見的形式包括：

· 割傷（如用刀片割傷皮膚）

· 燒燙（如用香煙燙自己）

· 撞擊（如用力捶牆或撞頭）

· 抓撓（直到破皮流血）

· 阻止傷口癒合（反覆撕開結痂）

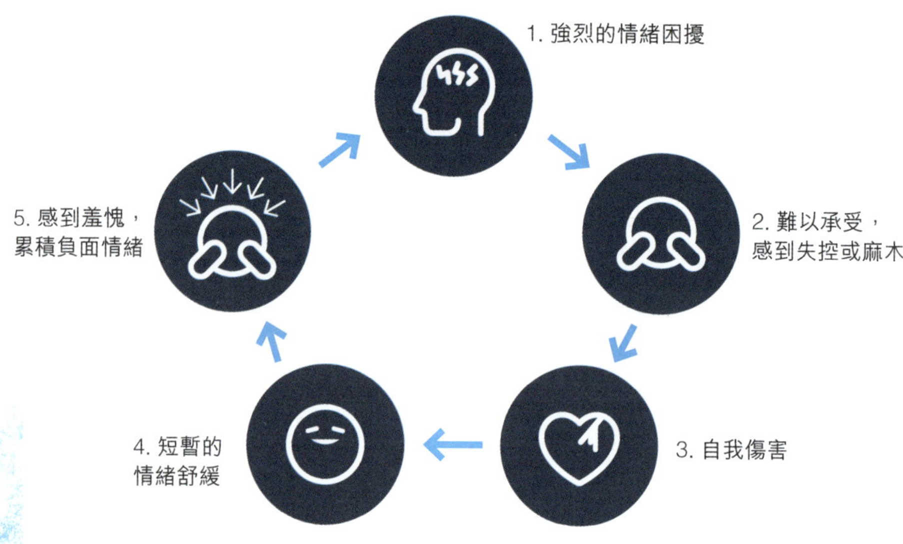

自傷行為的惡性循環

很多時，當事人是藉着刻意傷害自己，以宣洩心靈上的痛苦、憤怒或緊張、懲罰自己、令自己麻木或脱離麻木等目的。主要自傷的原因有：情緒調節、壓力事件的反應、轉移痛苦、尋求關注或幫助、對抗麻木感和自我懲罰：

情緒調節	自傷行為通常用來緩解強烈的情緒，如悲傷、憤怒、焦慮或內疚
壓力事件的反應	校園欺凌、學業壓力、家庭問題（如父母離異或虐待）、人際衝突等
轉移痛苦	透過自傷轉移內心的痛苦，或將無法控制的情緒轉化為可控制的身體痛感。
尋求關注或幫助	自傷可能是希望引起他人的注意，身體的傷痕成為無聲的吶喊，表達未被滿足的心理需求。
對抗麻木感	在情感麻木的狀態下，疼痛成為確認自己「還活着」的唯一方式。
自我懲罰	強烈的自責感驅使個體用身體痛苦來懲罰自己。

自傷的原因

不過，亦有當事人的自我傷害行為背後有自殺的意圖，可分為以下三類風險：

低風險	偶爾自傷，情緒穩定，傷害輕微。
中風險	自傷頻率增加，情緒波動大，傷害較嚴重。
高風險	重複自傷伴隨自殺念頭或計劃，傷害嚴重且無安全措施。

自傷行為的初步評估

在過去的一年中，在 5 天或更多的時間內，刻意對於自己的身體表面造成傷害，這可能引起出血、瘀青或疼痛（如：切割、燒燙、刺、撞擊、過度擦磨），而個案執行這行為的目的，是期待只造成少許或中度的身體傷害、但並非自殺意圖。
當事們之所以要執行這些 NSSI，是因為抱持以下一個或更多的期待： （1）能從負面感覺或認知狀態中解放出來； （2）解決人際困難； （3）引起正向的感覺。這些所期待發生的解放或反應，會在執行 NSSI 時或短暫之後產生。
這種刻意的 NSSI，與以下至少一項有關： （1）有人際困難、或負向感覺時，如抑鬱、焦慮、緊張、生氣、廣泛痛苦、或自我批評，這些會先比 NSSI 出現早一些時間發生； （2）在執行 NSSI 之前，會有一段時間腦子被想要執行 NSSI 的意圖所佔據、難以控制； （3）腦子時常想着要執行 NSSI，就算是沒執行 NSSI 時也在想要去作。
NSSI 並不像人體穿環、刺青、宗教或文化儀式的一部分那樣地受到社會認同，也不是摳結痂或咬指甲的一部分行為。
NSSI 或它的後遺症會導致臨床上重大痛苦或干擾人際、學業或其他重要功能。
NSSI 必須和其他精神疾病做區分。如果發生在神經發展障礙症（Neurodevelopmental Disorder）患者身上，則不能是反覆常同行為（Repetitive Stereotypies）的一部分。

** 以上是根據 DSM-5 提出 NSSI 的評估，但並非臨床診斷，若受自傷問題困擾或有疑問，請諮詢專業醫護人員或心理學家，作進一步專業評估。*

絕大部分參與非自殺自我傷害的人不會主動尋求臨床協助，研究顯示，反覆發生的 NSSI 會預測青少年未來持續出現採取情緒管控失調策略，如未來成癮及物質誤用的機會仍較高（Nakar 等，2016），而未來出現自殺企圖（Andover 等, 2012）和自殺意念（Hawton 等, 2015）亦會較高。由此可知，若在青少年階段發現 NSSI 而有效的支援是一項重要的精神防禦工作。

自我傷害 vs. 自殺：關鍵區別

許多人誤以為自我傷害等同於自殺行為，但其實兩者有本質上的不同：

自我傷害（NSSI）	自殺行為（Suicidal Behavior）
目的：調節情緒、表達痛苦	**目的**：結束生命
方法：通常不會致命（如淺層割傷）	**方法**：可能致命（如上吊、跳樓）
頻率：可能反覆發生	**頻率**：可能是一次性極端行為
情緒狀態：痛苦但不想死	**情緒狀態**：絕望、無助

重要區分：

- 自我傷害者通常不是想死，而是想透過身體疼痛來緩解心理痛苦。
- 但長期自我傷害可能增加未來自殺風險，因此仍需認真對待（Klonsky 等, 2021）。

如何幫助自我傷害者？

如果你發現身邊的人有自我傷害行為，可以：

1. 建立安全關係聯結與環境

安全關係的建立是評估和協助的基礎，研究表明，68% 的自傷青少年因擔心被評判而隱瞞行為（Muehlenkamp 等, 2022）。因此，我們若發現身邊人有不理性的自傷行為，應保持冷靜，避免過度驚慌或立即指責對方，先表達真誠的關心，再一步去溝通和了解當事人的情況。

操作步驟：

- **環境設置：**選擇安靜的地方去溝通，與對方「90度角」坐法降低對峙感
- **語言範式：**不批判地傾聽：每個人都有需要別人關心的時候，不要說「你知不知道這樣傷害自己很傻？」可以改問「我注意到你手臂的傷痕，如果你願意談談，我會認真傾聽。」、「在這裏，任何感受都是被允許的。」等非批判提問和語句。
- **非言語信號：**保持適當身體距離（1.2-1.5 米），用開放式的坐姿、避免打斷對方說話，以點頭和柔和的目光回應，關懷對方的語氣和支持表達。

2. 系統性開放提問技術

評估問題（可參考以下的提問法）：

提問方向	示例問題	評估目標
想法	「最近一個月有多常想到自傷？」	衝動頻律
行為	「最近一次用這種方式應對情緒是甚麼時候？」	了解行為觸發點
功能	「割傷後，你注意到情緒有甚麼變化？」 「你認為自己因為甚麼原因要自傷？」	分析原因、強化機制
認知	「傷害自己時，你腦海中浮現甚麼想法？」	識別認知扭曲

3. 進階技巧

- **外化痛苦的提問：**「如果這些傷痕會說話，它們想表達甚麼？」協助外化一些內在難以表達的感受或情緒。
- **時間軸技術：**繪製「自傷行為頻率 - 生活事件」關聯圖表，讓對方了解甚麼時候自己有自傷行為的衝動。

鼓勵尋求專業協助：嘗試同理對方的感受，和良好地溝通，在取得當事人信任後，鼓勵他 / 她去尋求專業支援，心理治療及時介入能有效減少自我傷害。

一念間

如果你自己在掙扎

你不是孤單的：自我傷害不代表你「有病」，只是你還沒找到更好的應對方式。

試試替代策略（見下表）：

當你想自我傷害時……	**可以嘗試……**
需要「感覺疼痛」	握冰塊、嚼辣椒、冷水澡
需要「看到血 / 傷痕」	用紅筆畫在手上、用顏色筆在紙上畫出情緒感受、撕貼紙
需要「發洩憤怒」	捶枕頭、撕廢紙、跑步
感到「空虛麻木」	強烈薄荷糖、冷熱交替沖澡

自殺意念的演變：從絕望到行動

有關自殺的謬誤與事實，你認為以下的問題，是對或是錯？

	對 / 錯？
那些談及自殺的人並無意付諸行動，他們只是想引人注意？	
談論自殺會讓本來不想自殺的人，變得有自殺的念頭？	
曾企圖自殺的人甚少再次自殺？	
大多數的自殺是突發的，並無先兆？	
自殺與遺傳有關嗎？	
兒童不會自殺，因為他們不明白死亡的後果，亦沒有認知能力進行自殺行為？	

解說

那些談及自殺的人並無意付諸行動，他們只是想引人注意？

「說要自殺的人不會真的做」是極其危險的迷思。實證研究顯示，80% 自殺死亡者生前曾明確表達自殺意圖（WHO, 2023）。而在青少年群體中，談及自殺者後續嘗試自殺的風險比一般人群高 17 倍（Gould 等，2022）。約有 16% 的個案在可識別的自殺念頭出現後的 24 小時內死亡；14% 在 1 至 7 天內死亡（Chen 等，2006）。有自傷行為的人群最終自殺的風險明顯較高，近 4% 會在五年內死於自殺（Olfson 等, 2017）。

心理健康的人並不會常常把自殺掛在口邊，fMRI 研究顯示，當個體表達自殺意念時，前扣帶迴皮層（ACC）激活 → 情緒痛苦真實存在。而背外側前額葉（DLPFC）抑制 → 理性調節能力受損（Schmaal 等，2022），這些都是證明了當事人的痛苦，並不只「說說而已」。談及自殺，可能是救助的警號，需要認真對待。

談論自殺會讓本來不想自殺的人，變得有想自殺的念頭？

在現實生活中，若果懷疑身邊的親友有自殺念頭，因而談論自殺或問他們有否這個想法，是不會讓一個原本沒有這念頭的人，轉而變得想自殺。相反，對於一些原本有自殺念頭的人，當我們以非批判和關懷的態度去問及他們時，很可能給予了當事人一個傾訴的機會，他們或會因此感到被關懷和願意去尋求幫助。因此，若當事人有種種有懷疑，可以真切和關懷的態度去問對方：「我感受到你説的痛苦，看來這對你來説真的很難過。這樣的情況下，你有否想過要自殺？」傾訴痛苦可降低壓力水平，關懷與陪伴也可令人感到被重視，有助走出情緒困境。

曾企圖自殺的人甚少再次自殺？

很多人以為，當自殺者獲救後，就會平靜下來，慢慢減少危機。然而研究發現，自殺未遂是未來自殺的最強預測因子（WHO, 2021），而首次嘗試後 1 年內再嘗試風險仍然是一般人群的 30-40 倍（Olfson 等, 2022）。《自殺行為的神經生物學》（Turecki 與 Brent, 2016）指出，每次自殺未遂都會降低對死亡的恐懼、強化自我傷害的行為模式、增加使用致命手段的可能性。在首次嘗試自殺後 6 個月內，風險增加 8 倍；10 年累積再自殺率達 38%（Franklin 等, 2021）。因此，企圖自殺往往不只是一時衝動，我們絕對要警惕。可幸的是，持續心理治療被證實可降低再自殺率（Linehan 等, 2023）。

大多數的自殺是突發的，並無先兆？

如上文所言，八成自殺死亡者生前曾明確表達自殺意圖。自殺的警告訊號其實是有線索可循的，可以從環境上、情緒上、行為上、生活上、語言上等五個方向的線索來觀察：

1. 環境上的線索

- 目前遭遇低潮
- 感情、人際困擾、學業或事業表現低落
- 生活中出現巨大壓力等

2. 情緒上的線索

- 持續地心情低落（例如：悲傷、暴躁、緊張、優柔寡斷、冷淡、苦悶、無望、無助、失落感、罪惡感、無價值感）
- 情緒不穩定
- 人格突然改變，彷彿變了一個人似的

3. 行為上的線索

- 無法專心上課或工作
- 突然減少和家人及朋友的互動
- 增加酒精或藥物的濫用
- 把自己心愛的東西送給他人或丟棄
- 向家人或親友感謝和道別

- 向旁人交代後事
- 在言談中透露想要傷害自己或結束生命
- 曾出現自我傷害或自殺的行為

4. 生理上的線索

- 頭痛
- 胸悶
- 喘不過氣
- 疲憊
- 倦怠感
- 嗜睡
- 失眠
- 容易驚醒
- 沒有食慾或飲食過量
- 體重明顯上升或下降

5. 語言上的線索

- 直接說出「死」這個念頭
- 在筆記、日記中表達出死的念頭

自殺與遺傳有關嗎？

自殺行為是否與遺傳有關，是一個受到科學界廣泛研究的課題。現有證據表明，自殺風險可能受到遺傳和環境因素的共同影響，但遺傳並非唯一決定因素。有家族與雙胞胎的研究發現，自殺行為在家族中有聚集現象，且基因完全相同的同卵雙胞胎的自殺一致性高於異卵雙胞胎，顯示遺傳可能扮演一定角色（McGuffin 等, 2001）。

另外，基因關聯研究顯示，某些基因可能影響大腦神經傳導物質（如血清素轉運體基因 5-HTTLPR）的功能，從而增加衝動性或抑鬱風險，間接提高自殺可能性（Caspi 等, 2003）。

然而，遺傳風險需加以環境互動才有較大機會表現出來，其加環境上的風險因素如童年創傷，虐待或忽視可能激發遺傳易感性（Turecki 與 Brent, 2016）。而精神疾病，抑鬱症、思覺失調症等，有遺傳基礎，同時也是自殺的主要風險因素（WHO, 2021）。

兒童不會自殺，因為他們不明白死亡的後果，亦沒有認知能力進行自殺行為？

根據心理學家 Jean Piaget 的認知發展理論，兒童對「死亡」的理解隨年齡變化，在 5-7 歲，兒童會逐漸理解死亡是永久性的，但仍可能缺乏對自殺後果的完整認知（Speece 與 Brent, 1984）。但是，即使兒童未完全理解死亡的意義，仍可能因極度情緒痛苦（如被欺凌、家庭暴力）而出現自傷或自殺行為（Tishler 等 , 2007）。兒童的自殺行為更多是為了逃避無法承受的痛苦或表達求助信號（Pfeffer, 1997）。

自殺的概念包括自殺念頭、自殺威脅、自殺企圖和自殺身亡，若果在念頭開始時能正視和發現，及時介入疏導情緒並積極找尋解難方案，有助避免當事人獨自承受困境，緩解心理痛苦。

自殺念頭	流露任何與自殺行為有關的念頭或幻想。
自殺威脅	以言語或任何其他方式向他人表達自我傷害意欲，但沒有做出真正傷害自己的行為。
自殺企圖	自殺不遂，但有直接或間接證據顯示當事人或多或少相信其自殺行為會致命。企圖自殺的情況包括當事人因被及時發現和獲救而動搖了尋死決心，或當事人所選擇的自殺方法不足以致命。
自殺身亡	有意識地以致命的方法 (例如從高處跳下、弄傷身體、服毒) 結束自己的生命。

二、自殺行為的心理學理論框架

自殺並非單一因素導致，行為背後的動機極其複雜，涉及生物學心理學、社會學等多重因素的交織影響（Joiner, 2005）。本部分將從心理學實證研究出發，系統性地探討自殺行為的成因機制，並提出基於證據的預防策略。

著名自殺學研究者 Edwin Shneidman（1993）提出「**心理痛楚理論**」（Psychache Theory），指出自殺的根本原因在於無法忍受的**心理痛楚**（Psychache）：一種由羞愧、罪惡感、孤獨等負面情緒組成的極度精神痛苦。當個體感到這種痛苦是：就會將自殺視為唯一的解脫方式。研究表明，在自殺身亡者的遺書中，90% 以上都表達了「想結束痛苦」的意願（Joiner 等 , 2009）。

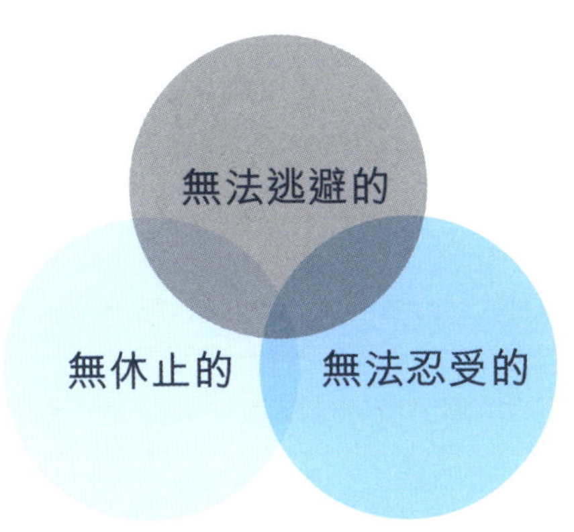

另外，Thomas Joiner（2005）提出的「**人際關係理論**」（Interpersonal Theory of Suicide, IPTS）認為，自殺行為需要三個關鍵因素的結合：

1. 歸屬感受挫（Thwarted Belongingness）

感到與社會隔離、不被需要

2. 負贅感（Perceived Burdensomeness）

認為自己是他人生活的累贅

3. 習得自殺能力（Acquired Capability）

通過反覆暴露於痛苦或暴力而降低對死亡的恐懼

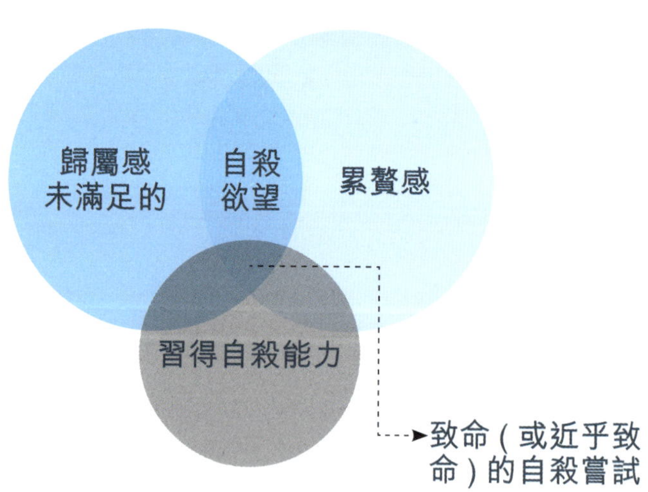

大型縱向研究發現，同時具備這三個因素的人，自殺風險比一般人高 30 倍（Van Orden 等, 2021）。

基於 O'Connor（2011）的「動機 - 意志整合模型」(Integrated Motivational-Volitional Model, IMV）分析，自殺行為的形成過程分前因階段、動機階段和意志階段(O'Connor 與 Kirtley, 2018）。

1. 前因階段：生活壓力事件（如失業、關係破裂）

2. 動機階段：發展出自殺意念

3. 意志階段：將意念轉化為行動

該模型在前提假設中強調挫敗感和困頓感是產生自殺意念的主要因素，困頓感是挫敗感和自殺意念的橋梁，強調**衝動性**和**問題解決能力**在過渡到行動階段的重要性，如果可以控制衝動和解決問題，則不會引起自殺行動。

基於上述分析，自殺意念的影響因素眾多，以單一的原因去解讀自殺意念或作篩查，則很有可能出現偏差。

三、自殺危機的多層影響因素

自殺是果，因是多重且複雜的，包含有社會、文化、經濟、心理、生物等因素，絕非單一因素可解釋，亦絕非單一方法可以防範，需要關注的是人的整體性，多層面防治。自殺及自殺行為的危險與保護因素（或決定因素）可體現在個人生理、心理及社會環境三個層面。

1. 危險因素

危險因素指在生理或環境方面有可能增加個人自殺行為傾向的因素。危險因素也可能通過影響個人罹患精神疾病的風險，間接產生自殺行為（世衞, 2014 年）。

生物因素

- **遺傳與表觀遺傳：** 迄今為止，已有超過 2500 個基因被確認與自殺行為相關，其中 40 個基因涉及細胞週期和 DNA 修復過程。有自殺家族史的個體風險顯著升高，即使排除環境影響後仍存在遺傳效應（Abou Chahla 等, 2023）。另外，有雙生兒的研究（Mullins 等, 2022）表明，自殺行為的遺傳率約為 30-50%，顯示基因在自殺風險中扮演重要角色。而特定基因（如 SLC6A4 血清素轉運體基因、BDNF 腦源性神經營養因子基因）的變異可能影響情緒調節和衝動性。

- **神經生物學機制：** 對自殺未遂者的前額葉區域診斷顯示，其激活模式發生改變，導致應激反應、影響衝動控制和認知能力受影響（Salas-Magaña 等, 2017）。而結構磁共振成像（MRI）掃描發現，與無自殺行為的精神障礙患者相比，自殺未遂者的腹側前額葉皮層（vPFC）灰質體積更小、神經密度更低，這凸顯了前額葉皮層背腹側功能失調在自殺行為中的重要作用（Orsolini 等, 2020）。

- **血清素系統失調：**低血清素水平與抑鬱症和衝動性自殺相關。在多個自殺受害者的死後分析中，觀察到低水平的血清素代謝物，如 5-HIAA，存在於他們的腦脊液中（Mann 與 Rizk, 2020）。

- **童年創傷（如虐待、忽視）：**事件會導致成年後下丘腦 - 垂體 - 腎上腺軸（HPA 軸）過度活躍 / 功能失調，從而增加罹患精神障礙和 / 或企圖自殺的風險（Ludwig 等, 2018）。

心理因素

- **精神疾病：**研究表明，約 90% 的自殺案例存在潛在的精神障礙，如抑鬱症或躁鬱症（Isometsä 等, 2014）。與普通人群相比，抑鬱症患者的自殺風險高出 20 倍（Borentain 等, 2020）。此外，與對照組相比，焦慮症與躁鬱症共病患者表現出更高的自殺行為發生率（Lopes 等, 2020）。

- **物質濫用：**自殺行為的另一重要因素是物質濫用，包括酒精、大麻、可卡因和鴉片類物質的濫用 / 依賴。研究明確顯示，物質濫用與自殺行為存在顯著相關性。一項大型研究的分析指出，酒精使用使男性自殺風險增加 1.65 倍，女性自殺風險增加 1.40 倍（Amiri 與 Behnezhad, 2020）。而大麻使用 / 依賴常見於具有其他自殺風險因素的自殺未遂者或自殺死亡者，這些附加風險因素包括：重大生活壓力事件、人際關係問題、社會支持匱乏、孤獨感以及絕望情緒（Serafini 等 , 2012）。

個人心理狀況和思維模式

• **希望感缺失：**Beautrais 等（2002）指出，希望感缺失，也即是無法想像積極的未來，是自殺風險是最主要原因，同樣重要的還有神經質和低自尊感。

• **精神痛苦：**關於自殺意圖，Horesh 等（2012）研究者的研究表明，高度的精神痛苦是預測自殺意圖量表主觀成分的重要因子——該量表主要用於評估求死意願。但值得注意的是，精神痛苦並不能預測自殺意圖的客觀成分，這一發現與自殺企圖的致死性程度存在顯著關聯。

• **其他因素：**包括人格特質（如攻擊性 / 衝動性、神經質、完美主義、悲觀主義、人際依賴、低自尊）、認知僵化（無法看到問題的其他解決方案）和過度概括化記憶（難以回憶具體積極經歷）等，亦會增加自殺風險。

社會環境因素

• **創傷性的生活事件（如性虐待 / 軀體虐待）：**負面生活事件被認為是嚴重自殺行為的風險因素之一。在 Canterbury Suicide Project 中，Beautrais（2003）發現，相較於無自殺行為史的對照組，實施自殺的年輕人經歷的壓力性生活事件數量更多。具體而言，自殺組在童年及家庭逆境（如性虐待或不當管教）方面的發生率顯著更高。Elliott 等學者（1996）的研究亦得出相似結論——該研究對比分析了 32 名送急診的非致命性自殺未遂者後發現，嚴重自殺未遂者遭受性虐待與肢體虐待的比例更高，整體經歷的創傷性生活事件數量也更多。此外，該群體邊緣型人格障礙的罹患率亦顯著偏高。

- **人際關係破裂（離婚、分手）：**根據多項研究數據顯示（Denney 等, 2015 年；Stack 與 Scourfield, 2015 年），離婚人士相比一般人群往往具有更高水平的自殺風險，其自殺率亦顯著高於在婚人士。離婚男性的自殺風險是已婚男性的 4.08 倍，而離婚女性的自殺風險則較已婚女性高出 2.96 倍（Kyung-Sook 等, 2018）。

- **溝通與支持缺失：**人際交往與溝通障礙被證實與嚴重自殺行為密切相關。Levi 等學者（2008）的研究對比分析了 35 名自殺未遂者與兩個對照組（自殺程度較輕者及健康人群），發現自我表露能力與感知孤獨感是預測自殺的獨特因素，其預測效力甚至超越精神痛苦程度（即抑鬱與絕望感）。

- **財務危機：**失業可能通過多重壓力加劇自殺風險，包括導致經濟壓力加劇、喪失工作賦予的人生意義以及職場人際連結中斷。個人層面的研究數據普遍顯示失業與自殺風險存在顯著關聯（Denney 等, 2015 年；Kposowa, 2001 年）。美國國家縱向死亡率研究（National Longitudinal Mortality Study）經過三年追蹤發現，失業男性自殺死亡率較在職男性高出 2.3 倍。然而此關聯性在五年及九年追蹤期後則不再具有統計學顯著性。

- **其他因素：**家庭矛盾 / 暴力、過多的工作壓力、社會孤立與歧視、法律問題等，皆會增加個人壓力，與自殺行為有相當關聯（Carballo 等 , 2020; Zulic-Agramunt 等 , 2022; Batty 等 , 2018）。

其他增加壓力與絕望感、進而促發自殺行為的因素包括：

- 酒精相關的自傷行為
- 慢性疾病（如癌症、HIV）
- 重度壓力
- 物質濫用
- 腦內血清素低
- 某些文化或媒體對自殺的「浪漫化」描述：曾有學者指出，過度仔細描述自殺和美化自殺行為會引起模仿效應（Copycat Effect），例如媒體報導或可能引發脆弱者模仿。當社會中處於風險或脆弱狀態的群體認知並認同這些媒體塑造的自殺「榜樣」時，模仿性自殺（即自殺傳染）的可能性便會顯著增加（Stack, 2020 年）。（Pompil 等 , 2010; Liu 等 , 2022; Du 等 , 2016; Brisch 等 , 2022。）

從以上的研究可見，生物、心理和社會因素皆與自殺行為有着或多或少的關聯，沒有單一的原因構成自殺行為，大部分個案都是受多重的因素影響而誘發出行為。除了認知到自殺的風險因素，更重要的是識別並積極培養保護因素，當中包括以下的應對機制、生活方式、個人行為和人際特質等。

2. 保護因素

保護因素可被定義為能夠降低個人實施自殺行為可能性的社會條件、心理社會環境或個人行為（McLean 等，2008）。研究心理韌性（即在面臨重大逆境或自殺風險時成功應對的能力）是識別保護因素的有效途徑。這種韌性能力會隨時間發展變化，既受個人系統內部及環境中的保護因素所強化，也有助於維持或提升健康水平。

生物因素

- **體育鍛鍊與健康：**部分研究證實，將體育運動視為健康活動的態度及實際參與，對青少年自殺行為具有防護作用。Taliaferro 等（2008）的研究發現不論男女，將運動作為健康活動的有較低的自殺行為。另外，Muehlenkamp 與 Wagner（2022）的研究發現，瑜伽練習通過增強對身體欣賞和自我關懷的積極影響，減少非自殺性自傷行為（NSSI）。

心理因素

- **問題解決能力：**對於曾有自殺行為的個體而言，問題解決能力可能具有保護性作用。Elliott 與 Frude（2001）的一項研究探討了絕望程度、壓力性生活事件（測量自殺企圖前兩年內的發生情況）與應對策略之間的關係。研究結果顯示，問題解決能力對上述關係具有中介作用。以往自殺未遂者可發展出積極應對策略以預防再次自殺。相較於應激生活事件的數量，心理韌性因素對自殺行為的預測效力更強。

- **生存理由：**強烈的生存信念、未來取向和樂觀態度對抑鬱症患者的自殺行為具有保護作用。Malone 等學者（2000 年）通過一項研究發現「生存理由」對 18-80 歲美國重度抑鬱症患者自殺企圖的保護性抑制。研究發現臨床自殺傾向與生存理由呈顯著負相關，即使是受到同樣嚴重的抑鬱症困擾，未嘗試自殺的患者在《生存理由量表》下得分顯著更高，當中包括對家庭的責任感、更強的生存與應對技能、對自殺的道德抵觸等。

- **希望感：** 在遭受貧困和家庭暴力的非裔美國女性中，希望感展現出顯著的保護效應（Meadow 等, 2005）。

- **自我效能感：**多項需要自我效能和主動性參與的應對技能亦顯示對自殺有保護效應，尤其在青少年群體中表現更為顯著，當中包括：自我控制與自我效能感、工具性技能、社會適應能力、積極未來導向思維。對情緒、思維和行為的自主調控能力，可緩解青少年群體中與性侵害相關的自殺風險（Chandy Blum 與 Resnick, 1997）。

社會環境因素

- **家庭聯結：**良好的親子關係能顯著降低自殺風險，對青少年的影響尤為明顯（Sharaf 等 , 2010； Moller 等 , 2021）。安全依附是韌性的一個重要核心組成部分，亦是防止自殺的保護因素（Darling Rasmussen 等 , 2019）。另外一項研究的結果表明，較好的家庭功能（即溝通和情感支持）能降低青少年自殺念頭（Yang 等 , 2022）。

- **社會支持：**眾多研究指出，廣泛的社會支持是良好的保護因素，包括經歷創傷和正面對抑鬱症困擾的人群（Kleiman 與 Liu, 2013; Kleiman, Riskind 與 Schaefer, 2014；Selak 等 , 2024）。社會支持與自殺意念之間存在強烈的關聯：在控制了社會人口因素、居住情況和其他因素後，中等或高水平的社會支持與五年後報告自殺意念的概率顯著降低相關（Otten 等 , 2022）。

- **婚姻狀態：**婚姻是自殺的保護因素，證據表明婚姻能緩衝社會經濟不平等帶來的自殺風險，對男性尤為顯著（Stephenson 等 , 2023）。

- **支持性校園環境：**配備專業人員的支持性校園環境，對一般學生，以至遭受性虐待、存在學習障礙或屬於性少數群體（LGBT）的青少年具有重要保護作用。Marraccini 等（2021）的研究結果強調了建立與學校社區的關係和為學生營造安全感的重要性，指出在學校自殺預防和干預中需要考慮文化因素，以及以文化敏感和知情的方式將學生和家庭與服務提供者聯繫起來的重要性。Eisenberg 和 Resnick（2006）研究了四個保護因素（家庭聯繫、老師關懷、其他成年人關懷以及學校安全）與美國多元性別與性取向年輕人自殺意念及未遂之間的關聯，發現家庭和學校的綜合保護作用。

- **宗教及信仰：**信仰能給予人希望感，同時參與宗教活動亦增加與人的聯繫。獨立於其他因素，如社會功能等，宗教信仰對防預自殺具有一定的保護作用（Burshtein 等 2016）。Robins 與 Fiske（2010）發現，參與公共宗教活動，如參加教堂，與較低水平的自殺意念和未遂相關，而私人宗教活動，如祈禱，則沒有這種關聯。

其他保護因素包括（McLean 等 , 2008）：

- 全職就業
- 減少接觸媒體報道的自殺事件
- 正面的社會價值觀
- 專業醫療及輔導干預

自殺行為的典型發展過程

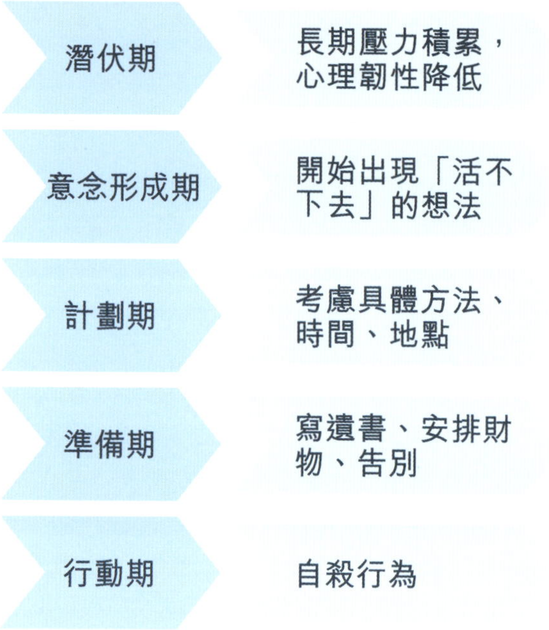

潛伏期	長期壓力積累，心理韌性降低
意念形成期	開始出現「活不下去」的想法
計劃期	考慮具體方法、時間、地點
準備期	寫遺書、安排財物、告別
行動期	自殺行為

我們都可以是自殺防治的守門人

自殺防治守門人策略是有效防治自殺的重要策略，意指經過培訓、能夠識別自殺風險信號，並提供初步支援和資源轉介的個人。守門人不一定是心理專業人士，但通過學習和實踐，成為社區的心理健康防護網，早期介入、及早協助。

「守門人」角色：

1. 守護潛在高風險人群，通過早期發現、傾聽和轉介，預防自殺行為。

2. 適用於任何關懷精神健康和願意學習的人，及時干預可改變扭曲的認知，連接專業資源。

3. 不代替專業人士，守門人無需分析原因或提供治療，重點是「**識別 - 支持 - 轉介**」。

注意關鍵警號

1. 言語信號

- 沒有我，大家會更好
- 我頂唔住了
- 我希望自己唔響度
- 我想死
- 很快就不會再痛苦了
- 好快你們就不用再擔心我了
- 好攰，撐唔住喇
- 已經好厭倦這一切
- 以後請你代我關心和照顧一下我的家人
- 說話常提及自殺的途徑，如服藥、跳樓、吊頸、燒炭等

2. 行為信號

- 突然贈送珍貴物品
- 獲取自殺工具（藥物、繩索）
- 研究自殺方法
- 安排後事
- 與親友不尋常地道別
- 外表、嗜好、飲食、睡眠習慣的改變
- 疏遠或逃避親友
- 傷害自己
- 生活作息混亂
- 談及或寫下有關死亡、想死或自殺的內容
- 不理性行為，如酗酒或濫用藥物

3. 生理信號

- 胃口不佳
- 不注重外表／衛生
- 疲倦
- 身體痛症
- 虛弱無力

4. 情緒信號

- 怨恨自己
- 從極度抑鬱突然轉為平靜（可能表示已做決定）
- 強烈的羞恥、罪疚
- 強烈的無助感、絕望感
- 易動怒及激動

在哪裏尋找訊號？

- 日常觀察
- 社交媒體內的訊息和分享
- 閑談
- 從朋友間獲得的訊息

我們發現身邊親友有自殺傾向或注意到以上警號時，可以怎樣做？

操作步驟：

1. 主動關懷和接觸當事人

• 建立安全的溝通關係，可以約當事人一個合適的時間，在較安靜和不被打擾的地方傾談

• 若在日常場景發現身邊好友有異常的情緒狀況，

亦可以立即邀請他／她到一個安靜的角落來談談自己的狀況。

2. 直接提問

提問句式可採取 5W1H 提問法：

若溝通中有懷疑對方有自殺的傾向，首先要明確他／她有沒有自殺的想法：「你說到最近是否覺得活著很痛苦，有沒有想過結束生命？」

如果對方回答有，我們可以提問：

5W1H 提問	示例問題	評估目標
When	「聽起來你真的很沮喪，甚至有自殺的想法，那麼你有沒有想過**甚麼時候**自殺？」	有關自殺的時間線、即時性、特定時間（背後原因、特殊意義）
Where	「有計劃在**甚麼地方**進行嗎？」	計劃可行程度、特殊意義
What	「你願意和我分享多一點，是**甚麼事情**讓你想自殺或傷害自己？」	原因和困擾之處
Why	「**甚麼原因**你想用這個方法去自殺或傷害自己？」	計劃可改變性、特殊意義和嚴重性
Who	「你有沒有和**其他人**提及過自殺或傷害自己的計劃？」	誰是可靠和其信任或重要的人
How	「你有沒有想過**如何實行**這個自殺或傷害自己的計劃？聽起來，這個計劃需要一些準備／工具，你如何獲得這些工具？」	致命程度、可改變性和嚴重性

• 用詞要直接，不要說「做傻事」、「你亂諗野」，對方愈是仔細地描述出如何執行，代表危險性愈高。(詢問自殺想法不會誘發行為，在不批判和真誠的關懷下，反而讓對方有渠道分享，從而降低焦慮)

• 在溝通時，重點在於識別當時人表達出的危險信號，當中包括上述的言語、行為生理和情緒

3. 傾聽與情緒支持

• 在與有情緒困擾人士溝通時，也需要時刻覺察自己的想法和情緒，批判和強行說服當事人接受特定的價值並不是溝通的目標，在回應過程中，我們要避免主觀的批評當事人有自殺的想法，或否定當事人的世界觀及感受，即使我們未能完全理解或同意，也尊重當事人的感受和個人想法。

• 5 個不：不批判、不打斷、不爭辯、不威脅、不說教

• 回應時以簡短方式釐清和反映當事人的表達內容，藉此讓對方感受到被聆聽：「我聽到你說的情況是……」、「剛才聽起來似乎你……」再加上對方所說的重點內容和感受。

• 聆聽時：注意非語言的表達，以友善的眼神，平緩而關懷的語調，面向對方，坐姿自然舒適，身體微微前傾去聆聽對方表達。

• 肯定痛苦：「聽到你的痛苦，遇到這些事任何人都會崩潰。」

溝通時 DOs & DON'Ts：

正確做法	錯誤做法
「我聽到你很痛苦，我們一起想辦法」	「不要用自殺威脅別人」、「你成日都得個講！」
保持視線接觸，身體前傾少許，以示專注	邊處理公文邊談話
詢問具體計劃：「有想過怎麼做嗎？」鼓勵求助	避談自殺細節 浪漫化自殺（如「解脱」「去更好的地方」）
立即介入了解危機程度，必要時立刻報警	承諾保密

4. 鼓勵尋找專業協助和連接專業資源

- 緊急情況：陪同前往急症室或撥打 999 緊急熱線。
- 非緊急情況：可參考以下機構電話。

機構	服務	服務時間	電話
明愛向晴軒	熱線服務（家庭危機）	4 小時	18288
醫院管理局	精神健康專線	24 小時	24667350
社會福利署	熱線服務	24 小時	23432255
生命熱線	熱線服務	24 小時	23820000
香港撒瑪利亞防止自殺會	熱線服務	24 小時	23892222
撒瑪利亞會 Chat 窿	多種語言防止自殺熱線 網上聊天服務	24 小時	28960000 https://chatpoint.org.hk/
陪我講 Shall We Talk 情緒通	精神健康支援熱線	24 小時	18111
夜貓社交媒體	Telegram WhatsApp	24 小時	Nitecatt 9726 8159 / 9852 8625

除了給予專業協助的資料，更重要的是鼓勵和陪伴找到協助，預約並跟進（可以問：「我陪你預約，一起去醫院好嗎？」）

5. 參考課程

• 香港大學香港賽馬會防止自殺研究中心的與你同行計劃旨在讓公眾了解更多關於自殺的資訊，為不同界別的人士提供具體有關預防自殺的方法、技巧和跟進建議。內有豐富資源，針對不同的身份，如家人、校長/老師、網民，列出即時和長期介入措施，詳情可參考：https://www.jcsmartfamilylink-ihub.hk/zh_hk/resources/suicide-prevention/WeCare-School-Principals-Teachers.html

另外，還有一些短期課程，提升對自殺防治的資訊可供大家參考：

• 撒瑪利亞會免費自殺守門員網上課程（Online Suicide Gatekeeping Course）：https://samaritans.org.hk/services/gatekeeping/

• LivingWorks safeTALK「自殺警覺意識培訓證書課程」：https://livingworks.net/training/livingworks-safetalk/

• 生命熱線長者家庭支援服務長者家屬課程：https://docs.google.com/forms/d/e/1FAIpQLSctfRfbKVCEv1YHSH-HJBhX-aGaKB8ac8FZ2JktMaiOH4KNKA/viewform

• 香港心理衞生會「精神健康急救」課程：https://www.mhfa.org.hk/

• 香港紅十字會心理急救課程：https://www.redcross.org.hk/tc/psychological/psychological_grouptraining_course.html

如果你自己在掙扎

自殺防治安全計劃 (Suicide Safety Plan)

自殺防治安全計劃是一份能夠幫助個人在面對自殺意圖時有效度過危機的文件。研究顯示，自殺行為往往是在一時衝動的影響下發生，且通常在決定自殺後的幾分鐘內便會付諸行動。因此，若能安全度過最危急的初幾分鐘，許多有自殺意圖的人有望冷靜下來，從而減緩自殺意念及企圖。此安全計劃可由個人自行準備，並建議尋求專業人士的協助以完善內容。

制定此計劃的幾個基本原則包括：

• **個性化：**此計劃並無標準答案，長短不一且無優劣之分，重點在於其是否適合個人需求。

• **通俗易懂：**應使用個人熟悉的語言撰寫計劃內容，避免使用不明白的專業術語。

• **考慮個人習慣：**在制定計劃時，應考量自身的習慣和偏好，無需完全依賴他人的建議，最重要的是計劃的可行性。

• **易於存取：**完成後，應將此文件放在易於取得的地方，以便於在危機時刻迅速使用。

- **定期檢視：**應定期回顧並更新計劃內容，以確保其持續有效。

1. 列出有意圖自殺的警訊前兆

目的：了解自己有意自殺的徵兆有助於在危機擴大之前進行及時介入，提醒自己注重身心健康。可從以下幾個方面思考徵兆：情緒（例如：憂鬱、暴躁、無力）、想法（例如：「我沒人要」、「我很廢」、「沒有救了」）、行為（例如：不願與人接觸、不想出門、濫用藥物）、生理徵兆（例如：肌肉緊繃、呼吸加速、失眠）、情境（例如：與親密的人爭吵、失業）。

例子：

- 心情極度空虛或低落
- 感覺失去生活的勇氣
- 易怒和感到不知所措
- 不想與他人接觸
- 不斷飲酒
- 經常出現「我很沒用」、「死了更好」的想法
- 面對經濟困難時

（**以上僅為範例，每個人的警號可能有所不同。**）

2. 列出我可以單獨做的事情以分散注意力

目的：當你注意到自己有自殺意圖或情緒不穩時，以下清單或許能提供一些有效的處理方法。列出不需他人協助即可立即進行的活動，以**分散注意力，避免過度沉溺於自殺的想法**。許多時候，只要能順利度過最危險的時刻，自殺的意念與企圖便會減弱。

例子：

- 唱歌
- 進行深呼吸
- 到公園散步
- 用冰塊敷臉
- 看電視
- 洗澡

（以上僅為範例，每個人的偏好可能有所不同。）

3. 列出可以尋求這些人或參加這些社交場合以分散注意力

目的：維護自身安全的另一種方法是**與他人互動**，或身處有人陪伴的環境。即使只是進行簡單的閒聊或問候，或一起參與一些無關緊要的活動，都可以有效分散對自殺的注意力。即便不與他人直接互動，只要待在有人的地方，也能確保這段時間的安全，給自己更多時間**讓內心的負擔減輕**。

例子：

- 找 Victor 一起打球
- 打電話向 Auntie Jen 問好
- 到咖啡店坐一坐
- 逛書店
- 約舊同學吃飯

(以上僅為範例，每個人的偏好可能有所不同。)

4. 列出可以向這些人士或專業單位尋求幫助的聯絡方式

目的：在崩潰的時刻，我們常常會感到孤獨，並忘記身邊值得信任的人，或無法找到他們的聯絡方式。因此，應列出可以信賴並且能夠傾訴心聲的人及其聯絡方式。或許有時候，我們面對的困境可能超出自身的承受能力，而周圍的人也不一定有能力承接這些痛苦，因此，尋求受過專業訓練的人士或單位的幫助是必要的。

例子：

- 余大哥（5548 ****）
- 郭姑娘（9368 ****）
- 黃醫生（2940 ****）
- 方社工（5519 ****）
- 撒瑪利亞防止自殺會：+852 2389 2222
- 青少年熱線（香港青年協會）：+852 2777 8899

這些步驟將有助於個人**建立有效的支持系統**，以在面對困難時刻時獲得必要的幫助和指導。

一念間

參考文獻

Abou Chahla, M. N., Khalil, M. I., Comai, S., Brundin, L., Erhardt, S., & Guillemin, G. J. (2023). Biological factors underpinning suicidal behaviour: An update. *Brain Sciences, 13*(3), 505. https://doi.org/10.3390/brainsci13030505

American Foundation for Suicide Prevention. (2023). *Suicide prevention gatekeeper training outcomes report*. AFSP Research.

American Psychiatric Association. (2022). *Diagnostic and statistical manual of mental disorders (5th ed., text rev.)*.

Amiri, S., & Behnezhad, S. (2020). Alcohol and risk of suicide: A systematic review and meta-analysis. *Journal of Addictive Diseases, 38*(2), 200-213. https://doi.org/10.1080/10550887.2020.1736757

Andover, M. S., Morris, B. W., Wren, A., & Bruzzese, M. E. (2012). The co-occurrence of non-suicidal self-injury and attempted suicide among adolescents: Distinguishing risk factors and psychosocial correlates. *Child and Adolescent Psychiatry and Mental Health, 6*, 11. https://doi.org/10.1186/1753-2000-6-11

Batty, G. D., Kivimäki, M., Bell, S., Gale, C. R., Shipley, M., Whitley, E., & Gunnell, D. (2018). Psychosocial characteristics as potential predictors of suicide in adults: An overview of the evidence with new results from prospective cohort studies. *Translational Psychiatry, 8*(1), 22. https://doi.org/10.1038/s41398-017-0072-8

Beautrais, A. L. (2002). A case control study of suicide and attempted suicide in older adults. *Suicide and Life-Threatening Behavior, 32*(1), 1-9. https://doi.org/10.1521/suli.32.1.1.22184

Beautrais, A. L. (2003). Suicide and serious suicide attempts in youth: A multiple-group comparison study. *American Journal of Psychiatry, 160*(6), 1093-1099. https://doi.org/10.1176/appi.ajp.160.6.1093

Beck, A. T. (1976). *Cognitive therapy and the emotional disorders*. International Universities Press.

Borentain, S., Nash, A. I., Dayal, R., & DiBernardo, A. (2020). Patient-reported outcomes in major depressive disorder with suicidal ideation: A real-world data analysis using PatientsLikeMe platform. *BMC Psychiatry, 20*(1), 384. https://doi.org/10.1186/s12888-020-02784-w

Brisch, R., Wojtylak, S., Saniotis, A., Steiner, J., Gos, T., Kumaratilake, J., Henneberg, M., & Wolf, R. (2022). The role of microglia in neuropsychiatric disorders and suicide. *European Archives of Psychiatry and Clinical Neuroscience, 272*(6), 929-945. https://doi.org/10.1007/s00406-022-01416-6

Browning, C. R., Maimon, D., & Brooks-Gunn, J. (2010). Collective efficacy, family attachment, and urban adolescent suicide attempts. *Journal of Health and Social Behavior, 51*(3), 307-324. https://doi.org/10.1177/0022146510377878

Burshtein, S., Dohrenwend, B. P., Levav, I., Werbeloff, N., Davidson, M., & Weiser, M. (2016). Religiosity as a protective factor against suicidal behaviour. *Acta Psychiatrica Scandinavica, 133*(6), 481-488. https://doi.org/10.1111/acps.12555

Carballo, J. J., Llorente, C., Kehrmann, L., Flamarique, I., Zuddas, A., Purper-Ouakil, D., Hoekstra, P. J., Coghill, D., Schulze, U. M. E., Dittmann, R. W., & others. (2020). Psychosocial risk factors for suicidality in children and adolescents. *European Child & Adolescent Psychiatry, 29*(6), 759-776. https://doi.org/10.1007/s00787-019-01303-9

Caspi, A., Sugden, K., Moffitt, T. E., Taylor, A., Craig, I. W., Harrington, H., McClay, J., Mill, J., Martin, J., Braithwaite, A., & Poulton, R. (2003). Influence of life stress on depression: Moderation by a

polymorphism in the 5-HTT gene. *Science, 301*(5631), 386-389. https://doi.org/10.1126/science.1083968

Chandy, J. M., Blum, R. W., & Resnick, M. D. (1997). Sexually abused male adolescents: How vulnerable are they? *Journal of Child Sexual Abuse: Research, Treatment, & Program Innovations for Victims, Survivors, & Offenders, 6*(2), 1-16.

https://doi.org/10.1300/J070v06n02_01

Chen, Y. Y., Wu, K. C., Yousuf, S., & Yip, P. S. (2022). Suicide prevention through restricting access to suicide means and hotspots in Taiwan. *Crisis, 43*(3), 187-193. https://doi.org/10.1027/0227-5910/a000789

Chen, S. S., Lam, T. P., Lam, K. F., Lo, T. L., Chao, D. V. K., Mak, K. Y., Lam, E. W. W., Tang, W. S., Chan, H. Y., & Yip, P. S. F. (2024). Coping with peer suicidality, help-seeking intentions, and suicidal attitudes among Asian adolescents: A mixed-methods study in Hong Kong. Child and Adolescent Mental Health. Advance online publication. https://doi.org/10.1111/camh.12757

Coleman, L., & O' Halloran, S. (2004). *Preventing Youth Suicide through Gatekeeper Training: A Resource Book for Gatekeepers*. Augusta: Medical Care Development, Inc

Columbia University. (2023). *Columbia-Suicide Severity Rating Scale (C-SSRS) manual*. https://cssrs.columbia.edu

Darling Rasmussen, P., Storebø, O. J., Løkkeholt, T., Voss, L. G., Shmueli-Goetz, Y., Bojesen, A. B., Simonsen, E., & Bilenberg, N. (2019). Attachment as a core feature of resilience: A systematic review and meta-analysis. *Psychological Reports, 122*(4), 1259-1296. https://doi.org/10.1177/0033294118785577

Denney, J. T., Wadsworth, T., Rogers, R., & Pampel, F. (2015). Suicide in the city: Do characteristics of place really influence risk? *Social*

Science Quarterly, 96(2), 313-329. https://doi.org/10.1111/ssqu.12146

Du, J., Zhu, M., Bao, H., Li, B., Dong, Y., Xiao, C., Zhang, G. Y., Henter, I. D., Rudorfer, M. V., & Vitielo, B. (2016). The role of nutrients in protecting mitochondrial function and neurotransmitter signaling: Implications for the treatment of depression, PTSD, and suicidal behaviors. *Critical Reviews in Food Science and Nutrition, 56*(15), 2560-2578. https://doi.org/10.1080/10408398.2013.876960

Eisenberg, M. E., & Resnick, M. D. (2006). Suicidality among gay, lesbian and bisexual youth: The role of protective factors. *Journal of Adolescent Health, 39*(5), 662-668. https://doi.org/10.1016/j.jadohealth.2006.04.024

Elliott, A. J., Pages, K. P., Russo, J., & Wilson, L. G. (1996). A profile of medically serious suicide attempts. *Journal of Clinical Psychiatry, 57*(12), 567-571. https://doi.org/10.4088/JCP.v57n1202

Elliott, J. L., & Frude, N. (2001). Stress, coping styles, and hopelessness in self-poisoners. Crisis: *The Journal of Crisis Intervention and Suicide Prevention, 22*(1), 20-26. https://doi.org/10.1027//0227-5910.22.1.20

Franklin, J. C., Ribeiro, J. D., Fox, K. R., Bentley, K. H., Kleiman, E. M., Huang, X., Musacchio, K. M., Jaroszewski, A. C., Chang, B. P., & Nock, M. K. (2021). Risk factors for suicidal thoughts and behaviors: A meta-analysis of 50 years of research. *Psychological Bulletin, 143*(2), 187-232. https://doi.org/10.1037/bul0000084

Gould, M. S., Lake, A. M., Galfalvy, H., Kleinman, M., Munfakh, J. L., Wright, J., & McKeon, R. (2022). Efficacy of youth suicide prevention interventions for suicidal ideation and behavior: A meta-analysis. *JAMA Psychiatry, 79*(3), 259-267. https://doi.org/10.1001/jamapsychiatry.2021.4226

Groschwitz, R. C., Kaess, M., Fischer, G., Ameis, N., Schulze, U. M., Brunner, R., Koelch, M., & Plener, P. L. (2015). The association of non-suicidal self-injury and suicidal behavior according to DSM-5 in adolescent psychiatric inpatients. *Psychiatry Research, 228*(3), 454-461. https://doi.org/10.1016/j.psychres.2015.06.019

Groschwitz, R. C., Plener, P. L., Groen, G., Bonenberger, M., & Abler, B. (2016). Differential neural processing of social exclusion in adolescents with non-suicidal self-injury: An fMRI study. *Psychiatry Research: Neuroimaging, 255*, 43-49. https://doi.org/10.1016/j.pscychresns.2016.07.005

Hawton, K., Witt, K. G., Taylor Salisbury, T. L., Arensman, E., Gunnell, D., Townsend, E., van Heeringen, K., & Hazell, P. (2015). Interventions for self-harm in children and adolescents. *The Cochrane database of systematic reviews, 2015*(12), CD012013. https://doi.org/10.1002/14651858.CD012013

Horesh, N., Levi, Y., & Apter, A. (2012). Intent, lethality and interpersonal characteristics of medically serious suicide attempters. *Journal of Affective Disorders, 136*(3), 286-293. https://doi.org/10.1016/j.jad.2011.11.035

Isometsä, E. (2014). Suicidal behaviour in mood disorders—Who, when, and why? *Canadian Journal of Psychiatry, 59*(3), 120-130. https://doi.org/10.1177/070674371405900303

Joiner, T. E. (2005). *Why people die by suicide*. Harvard University Press.

Joiner, T. E., Van Orden, K. A., Witte, T. K., & Rudd, M. D. (2009). The interpersonal theory of suicide: Guidance for working with suicidal clients. *American Psychological Association*. https://doi.org/10.1037/11869-000

Jong, C. L., Chen, W. C., & Yen, C. F. (2021). Nonsuicidal self-injury in children and adolescents. Taiwan *Journal of Psychiatry, 35*(3), 166-171.

Kliem, S., Kröger, C., & Kosfelder, J. (2010). Dialectical behavior therapy for borderline personality disorder: A meta-analysis using mixed-effects modeling. *Journal of Consulting and Clinical Psychology, 78*(6), 936-951. https://doi.org/10.1037/a0021015

Klonsky, E. D. (2007). The functions of deliberate self-injury: A review of the evidence. *Clinical Psychology Review, 27*(2), 226-239. https://doi.org/10.1016/j.cpr.2006.08.002

Klonsky, E. D., & Moyer, A. (2008). Childhood sexual abuse and non-suicidal self-injury: Meta-analysis. *British Journal of Psychiatry, 192*(3), 166-170. https://doi.org/10.1192/bjp.bp.106.030650

Klonsky, E. D., Pachkowski, M. C., Shahnaz, A., May, A. M. (2021). The three-step theory of suicide: Description, evidence, and some useful points of clarification. *Prev Med. 152*(Pt 1):106549. https://doi: 10.1016/j.ypmed.2021.106549. Epub 2021 Sep 16. PMID: 34538372.

Kleiman, E. M., & Liu, R. T. (2013). Social support as a protective factor in suicide: Findings from two nationally representative samples. *Journal of Affective Disorders, 150*(2), 540-545. https://doi.org/10.1016/j.jad.2013.01.033

Kleiman, E. M., Riskind, J. H., & Schaefer, K. E. (2014). Social support and positive events as suicide resiliency factors: Examination of synergistic buffering effects. *Archives of Suicide Research, 18*(2), 144-155. https://doi.org/10.1080/13811118.2013.826155

Kposowa, A. J. (2001). Unemployment and suicide: A cohort analysis of social factors predicting suicide in the US National Longitudinal Mortality Study. *Psychological Medicine, 31*(1), 127-138. https://

doi.org/10.1017/S0033291799002925

Kyung-Sook, W., Sang Soo, S., Sangjin, S., & Young-Jeon, S. (2018). Marital status integration and suicide: A meta-analysis and meta-regression. *Social Science & Medicine, 197*, 116-126. https://doi.org/10.1016/j.socscimed.2017.11.053

Levi, Y., Horesh, N., Ficshel, Z., Or, E., & Apter, A. (2008). Mental pain and its communication in medically serious suicide attempts: An impossible situation. *Journal of Affective Disorders, 111*(2-3), 244-250. https://doi.org/10.1016/j.jad.2008.02.022

Lewis, S. P., Rosenrot, S. A., & Messner, M. A. (2012). Seeking validation in unlikely places: The nature of online questions about non-suicidal self-injury. *Archives of Suicide Research, 16*(3), 263-272. https://doi.org/10.1080/13811118.2012.695273

Linehan, M. M. (1993). *Cognitive-behavioral treatment of borderline personality disorder*. Guilford Press.

Linehan, M. M., Korslund, K. E., Harned, M. S., Gallop, R. J., Lungu, A., Neacsiu, A. D., McDavid, J., Comtois, K. A., & Murray-Gregory, A. M. (2023). Dialectical behavior therapy for high suicide risk in borderline personality disorder: A randomized clinical trial. *JAMA Psychiatry, 80*(5), 475-485. https://doi.org/10.1001/jamapsychiatry.2023.0019

Liu, Q., Wang, X., Kong, X., Wang, Z., Zhu, M., Ren, Y., Dong, H., Fang, Y., & Wang, J. (2022). Subsequent risk of suicide among 9,300,812 cancer survivors in US: A population-based cohort study covering 40 years of data. *EClinicalMedicine, 44*, 101295. https://doi.org/10.1016/j.eclinm.2022.101295

Liu, R. T., Sheehan, A. E., Walsh, R. F. L., Sanzari, C. M., Cheek, S. M., & Hernandez, E. M. (2023). Prevalence and correlates of non-suicidal self-injury among sexual minority youth: A meta-analysis.

JAMA Pediatrics, 177(2), 185-194. https://doi.org/10.1001/jamapediatrics.2022.4876

Lloyd-Richardson, E. E., Perrine, N., Dierker, L., & Kelley, M. L. (2007). Characteristics and functions of non-suicidal self-injury in a community sample of adolescents. *Psychological Medicine, 37*(8), 1183-1192. https://doi.org/10.1017/S003329170700027X

Lopes, F. L., Zhu, K., Purves, K. L., Song, C., Ahn, K., Hou, L., Akula, N., Kassem, L., Bergen, S. E., Landén, M., & others. (2020). Polygenic risk for anxiety influences anxiety comorbidity and suicidal behavior in bipolar disorder. *Translational Psychiatry, 10*(1), 298. https://doi.org/10.1038/s41398-020-00983-3

Ludwig, B., Kienesberger, K., Carlberg, L., Swoboda, P., Bernegger, A., Koller, R., Wang, Q., Inaner, M., Zotter, M., Kapusta, N. D., & others. (2018). Influence of CRHR1 polymorphisms and childhood abuse on suicide attempts in affective disorders: A GxE approach. *Frontiers in Psychiatry, 9*, 165. https://doi.org/10.3389/fpsyt.2018.00165

Maimon, D., Browning, C. R., & Brooks-Gunn, J. (2010). Collective efficacy, family attachment, and urban adolescent suicide attempts. *Journal of Health and Social Behavior, 51*(3), 307-324. https://doi.org/10.1177/0022146510377878

Malone, K. M., Oquendo, M. A., Haas, G. L., Ellis, S. P., Li, S., & Mann, J. J. (2000). Protective factors against suicidal acts in major depression: Reasons for living. *American Journal of Psychiatry, 157*(7), 1084-1088. https://doi.org/10.1176/appi.ajp.157.7.1084

Mann, J. J., & Rizk, M. (2020). A brain-centric model of suicidal behavior. *American Journal of Psychiatry, 177*(10), 903-905. https://doi.org/10.1176/appi.ajp.2020.20081286

Mann, J. J., Currier, D., Stanley, B., Oquendo, M. A., Amsel, L. V., &

Ellis, S. P. (2009). Candidate endophenotypes for genetic studies of suicidal behavior. *Biological Psychiatry, 65*(7), 556-563. https://doi.org/10.1016/j.biopsych.2008.11.021

Marraccini, M. E., Griffin, D., O' Neill, J. C., Martinez, R. R., Chin, A. J., Toole, E. N., & Naser, S. C. (2021). School risk and protective factors of suicide: A cultural model of suicide risk and protective factors in schools. *School Psychology Review, 51*(3), 266-289. https://doi.org/10.1080/2372966X.2020.1871305

McGuffin, P., Marušič, A., & Farmer, A. (2001). The heritability of bipolar affective disorder and the genetic relationship to unipolar depression. *Archives of General Psychiatry, 58*(6), 497-501. https://doi.org/10.1001/archpsyc.58.6.497

McLean, J., Maxwell, M., Platt, S., Harris, F., & Jepson, R. (2008). *Risk and protective factors for suicide and suicidal behaviour: A literature review*. Scottish Government Social Research.

Meadows, L. A., Kaslow, N. J., Thompson, M. P., & Jurkovic, G. J. (2005). Protective factors against suicide attempt risk among African American women experiencing intimate partner violence. *American Journal of Community Psychology, 36*(1-2), 109-121. https://doi.org/10.1007/s10464-005-6236-3

Moller, C. I., Cotton, S. M., Badcock, P. B., Hetrick, S. E., Berk, M., Dean, O. M., Chanen, A. M., & Davey, C. G. (2021). Relationships between different dimensions of social support and suicidal ideation in young people with major depressive disorder. *Journal of Affective Disorders, 281*, 714-720. https://doi.org/10.1016/j.jad.2020.11.085

Muehlenkamp, J. J., & Wagner, E. M. (2022). Yoga and nonsuicidal self-injury: Mediational effects of self-compassion and body appreciation. *Body Image, 43*, 17-24. https://doi.org/10.1016/

j.bodyim.2022.08.001

Mullins, N., Kang, J., Campos, A. I., Coleman, J. R. I., Edwards, A. C., Galfalvy, H., Levey, D. F., Lori, A., Shabalin, A., Starnawska, A., Su, M.-H., Watson, H. J., Adams, M., Awasthi, S., Gandal, M., Hafferty, J. D., Hishimoto, A., Kim, M., Okazaki, S., ... & Rujescu, D. (2022). Dissecting the shared genetic architecture of suicide attempt, psychiatric disorders, and known risk factors. *Biological Psychiatry, 91*(3), 239-250. https://doi.org/10.1016/j.biopsych.2021.05.029

Nakar, O., Brunner, R., Schilling, O., Chanen, A., Fischer, G., Parzer, P., Carli, V., Wasserman, D., Sarchiapone, M., Wasserman, C., Hoven, C. W., Resch, F., & Kaess, M. (2016). Developmental trajectories of self-injurious behavior, suicidal behavior and substance misuse and their association with adolescent borderline personality pathology. *Journal of affective disorders, 197*, 231-238. https://doi.org/10.1016/j.jad.2016.03.029

Nock, M. K., Holmberg, E. B., Photos, V. I., & Michel, B. D. (2021). Self-Injurious Thoughts and Behaviors Interview (SITBI): Reliability, validity, and diagnostic utility. *Journal of Abnormal Psychology, 130*(1), 70-78. https://doi.org/10.1037/abn0000642

O'Connor, R. C. (2011). *International handbook of suicide prevention: Research, policy and practice*. John Wiley & Sons.

O'Connor, R. C., & Kirtley, O. J. (2018). The integrated motivational-volitional model of suicidal behaviour. *Philosophical Transactions of the Royal Society B: Biological Sciences, 373*(1754), 20170268. https://doi.org/10.1098/rstb.2017.0268

Olfson, M., Wall, M., Wang, S., Crystal, S., Gerhard, T., & Blanco, C. (2017). Suicide following deliberate self-harm. *American Journal of Psychiatry, 174* (8), 765-774. https://doi.org/10.1176/appi.ajp.2017.16111288

一念間

Orsolini, L., Latini, R., Pompili, M., Serafini, G., Volpe, U., Vellante, F., Fornaro, M., Valchera, A., Tomasetti, C., Fraticelli, S., & others. (2020). Understanding the complex of suicide in depression: From research to clinics. *Psychiatry Investigation, 17*(3), 207-221. https://doi.org/10.30773/pi.2019.0171

Otten, D., Ernst, M., Tibubos, A. N., Brähler, E., Fleischer, T., Schomerus, G., Wild, P. S., Zöller, D., Binder, H., Kruse, J., Johar, H., Atasoy, S., Grabe, H. J., Ladwig, K. H., Münzel, T., Völzke, H., König, J., & Beutel, M. E. (2022). Does social support prevent suicidal ideation in women and men? Gender-sensitive analyses of an important protective factor within prospective community cohorts. *Journal of Affective Disorders, 306*, 157-166. https://doi.org/10.1016/j.jad.2022.03.021

Pfeffer, C. R. (1997). Childhood suicidal behavior: A developmental perspective. *Psychiatric Clinics of North America, 20*(3), 551-562. https://doi.org/10.1016/S0193-953X(05)70329-6

Plener, P. L., Bubalo, N., Fladung, A. K., Ludolph, A. G., & Lule, D. (2012). Prone to excitement: Adolescent females with non-suicidal self-injury (NSSI) show altered cortical pattern to emotional and NSS-related material. *Psychiatry Research, 203*(2-3), 146-152. https://doi.org/10.1016/j.psychres.2012.02.011

Plener, P. L., Schumacher, T. S., Munz, L. M., & Groschwitz, R. C. (2015). The longitudinal course of nonsuicidal self-injury and deliberate self-harm: A systematic review of the literature. *Borderline Personality Disorder and Emotion Dysregulation, 2*(1), 2. https://doi.org/10.1186/s40479-014-0024-3

Pompili, M., Serafini, G., Innamorati, M., Dominici, G., Ferracuti, S., Kotzalidis, G. D., Serra, G., Girardi, P., Janiri, L., Tatarelli, R., & others. (2010). Suicidal behavior and alcohol abuse. *International*

Journal of Environmental Research and Public Health, 7(4), 1392-1431. https://doi.org/10.3390/ijerph7041392

Robins, A., & Fiske, A. (2009). Explaining the Relation between Religiousness and Reduced Suicidal Behavior: Social Support Rather Than Specific Beliefs. *Suicide and Life-Threatening Behavior, 39*(4), 386-395. https://doi.org/10.1521/suli.2009.39.4.386

Salas-Magaña, M., Tovilla-Zárate, C. A., González-Castro, T. B., Juárez-Rojop, I. E., López-Narváez, M. L., Rodríguez-Pérez, J. M., & Bello, J. R. (2017). Decrease in brain-derived neurotrophic factor at plasma level but not in serum concentrations in suicide behavior: A systematic review and meta-analysis. *Brain and Behavior, 7*(6), e00706. https://doi.org/10.1002/brb3.706

Samaritans of Hong Kong. (2023). *Samaritans of Hong Kong 2023 annual report*. https://sbhk.org.hk/wp-content/uploads/2024/06/ESBHK2023_Annual-Report_low-res.pdf

Schmaal, L., van Harmelen, A. L., Chatzi, V., Lippard, E. T., Toenders, Y. J., Averill, L. A., & Blumberg, H. P. (2022). Imaging suicidal thoughts and behaviors: A comprehensive review of 2 decades of neuroimaging studies. *Molecular Psychiatry, 27*(1), 392-407. https://doi.org/10.1038/s41380-021-01201-2

Selak, Š., Crnkovič, N., Šorgo, A., Gabrovec, B., Cesar, K., & Žmavc, M. (2024). Resilience and social support as protective factors against suicidal ideation among tertiary students during COVID-19: A cross-sectional study. *BMC Public Health, 24*(1), 1942. https://doi.org/10.1186/s12889-024-19470-1

Serafini, G., Pompili, M., Innamorati, M., Rihmer, Z., Sher, L., & Girardi, P. (2012). Can cannabis increase suicide risk in psychosis?

A critical review. *Current Pharmaceutical Design, 18*(32), 5165-5187. https://doi.org/10.2174/138161212802884663

Sharaf, A. Y., Thompson, E. A., & Walsh, E. (2010). Protective effects of self-esteem and family support on suicide risk behaviors among at-risk adolescents. *Journal of Child and Adolescent Psychiatric Nursing, 23*(1), 45-56. https://doi.org/10.1111/j.1744-6171.2009.00194.x

Sheftall, A. H., Asti, L., Horowitz, L. M., Felts, A., Fontanella, C. A., Campo, J. V., & Bridge, J. A. (2022). Characteristics and precipitating circumstances of suicide among children aged 5-11 years in the United States, 2013-2017. *JAMA Network Open, 5*(2), e2146143. https://doi.org/10.1001/jamanetworkopen.2021.46143

Shneidman, E. S., (1993). Commentary: Suicide as psychache. *Journal of Nervous and Mental Disease, 181*, 145-147.

Speece, M. W., & Brent, S. B. (1984). Children' s Understanding of Death: A Review of Three Components of a Death Concept. *Child Development, 55*(5), 1671-1686. https://doi.org/10.2307/1129915

Stack, S. (2020). Media guidelines and suicide: A critical review. *Social Science & Medicine, 262*, 112690. https://doi.org/10.1016/j.socscimed.2020.112690

Stack, S., & Scourfield, J. (2015). Recency of divorce, depression, and suicide risk. *Journal of Family Issues, 36*(6), 695-715. https://doi.org/10.1177/0192513X13501649

Stanley, B., Sher, L., Wilson, S., Ekman, R., Huang, Y. Y., & Mann, J. J. (2010). Non-suicidal self-injurious behavior, endogenous opioids, and monoamine neurotransmitters. *Journal of Affective Disorders, 124*(1-2), 134-140. https://doi.org/10.1016/j.jad.2009.10.028

Stephenson, M., Prom-Wormley, E., Lannoy, S., & Edwards, A. C. (2023). The temporal relationship between marriage and risk for suicidal ideation. *Journal of Affective Disorders, 343*, 129-135. https://doi.org/10.1016/j.jad.2023.10.007

Taliaferro, L. A., Rienzo, B. A., Miller, M. D., Pigg, R. M., Jr., & Dodd, V. J. (2008). High school youth and suicide risk: Exploring protection afforded through physical activity and sport participation. *Journal of School Health, 78*(10), 545-553. https://doi.org/10.1111/j.1746-1561.2008.00342.x

Tishler, C. L., Reiss, N. S., & Rhodes, A. R. (2007). Suicidal behavior in children younger than twelve: A diagnostic challenge for emergency department personnel. *Academic Emergency Medicine, 14*(9), 810-818. https://doi.org/10.1111/j.1553-2712.2007.tb02357.x

Turecki, G., & Brent, D. A. (2016). Suicide and suicidal behaviour. *The Lancet, 387*(10024), 1227-1239. https://doi.org/10.1016/S0140-6736(15)00234-2

Van Orden, K. A., Witte, T. K., Cukrowicz, K. C., Braithwaite, S. R., Selby, E. A., & Joiner, T. E. (2021). The interpersonal theory of suicide. *Psychological Review, 117*(2), 575-600. https://doi.org/10.1037/a0018697

Wilcox, H. C., Arria, A. M., Caldeira, K. M., Vincent, K. B., Pinchevsky, G. M., & O' Grady, K. E. (2012). Longitudinal predictors of past-year non-suicidal self-injury and motives among college students. *Psychological Medicine, 42*(4), 717-726. https://doi.org/10.1017/S0033291711001814

World Health Organization. (2021). *National suicide prevention strategies: Progress, challenges and perspectives.* WHO Press.

World Health Organization. (2021). *Suicide worldwide in 2019. WHO Press.*

World Health Organization. (2023). *Suicide worldwide in 2023: Global health estimates*. WHO Press.

Yang, Q., Hu, Y.-Q., Zeng, Z.-H., Liu, S.-J., Wu, T., & Zhang, G.-H. (2022). The Relationship of Family Functioning and Suicidal Ideation among Adolescents: The Mediating Role of Defeat and the Moderating Role of Meaning in Life. *International Journal of Environmental Research and Public Health, 19*(23), 15895. https://doi.org/10.3390/ijerph192315895

Young, R., Sproeber, N., Groschwitz, R. C., Preiss, M., & Plener, P. L. (2014). Why alternative teenagers self-harm: Exploring the link between non-suicidal self-injury, attempted suicide, and adolescent identity. *BMC Psychiatry, 14*(1), 137. https://doi.org/10.1186/1471-244X-14-137

Zetterqvist, M., Lundh, L. G., Dahlström, O., & Svedin, C. G. (2013). Prevalence and function of nonsuicidal self-injury (NSSI) in a community sample of adolescents, using suggested DSM-5 criteria for a potential NSSI disorder. *Journal of Abnormal Child Psychology, 41*(5), 759-773. https://doi.org/10.1007/s10802-013-9712-5

Zulic-Agramunt, C. M., Guzmán-Guzmán, I. P., Delgado-Floody, P., Saavedra, M. B. C., De La Fuente, P. G., Solano, M. M., Berrios, C. S., & Testor, C. P. (2022). Psychosocial factors and sociodemographic characteristics associated with suicidality risk in Chilean adolescents. *Children, 9*(8), 1185. https://doi.org/10.3390/children9081185

香港大學香港賽馬會防止自殺研究中心。(2025)。長者精神健康問題。https://www.jcsmartfamilylink-ihub.hk/zh_hk/resources/suicide-prevention/WeCare-Elderly-Suicide.html

撒瑪利亞防止自殺會(2023)。撒瑪利亞防止自殺會 2023 年度報告。https://sbhk.org.hk/wp-content/uploads/2024/06/ESBHK2023_Annual-Report_low-res.pdf

一念間

後記：五位輔導心理學家看自殺

1. 綜合來説，在見過這麼多個案過後，你認為能把一個極度絕望的人拉回來的「一念」是甚麼？

（Helen：郭倩衡；Jasmin：方婷；Isaac：余鎮洋；Shirley：黃家盈；Louis：黃麒錄）

Helen：我覺得那個**「一念」來自一種接納與相信**，得到別人的接納和相信自己值得被愛。有時候最痛苦的事情是覺得自己獨單一人，世界沒有人再愛和關心自己，即使死去已沒關係。所謂的厭世，可能其實不是討厭別人，而是討厭那個沒有人愛的自己，並經常問自己為何生存在世上。但如果能夠及時發現原來自己是有人愛惜和支持，那份真摯的關係，可以陪自己一起面對世界的困難，原來也可以一起走下去。

Jasmin：嗯，我覺得是感到和相信有人愛自己。雖然當下很多的心理博主提倡「自愛不外求」，我認同人是要懂得用適合自己的方式生活，但感到被人關懷和重視也很重要，正如我們很多個案，都是因為得不到「愛」而產生自我懷疑，長期處於孤獨和感受不到愛，在遇到不可控的環境挑戰時好容易會「諗埋一邊」，沉溺在負面的想法中，如果在這時有人來關懷，真正的關懷你內心世界，真的可以從極度絕望中拯救對方。

Isaac：我認為，關鍵在於讓當事人重新感受到「希望感」。我們可以嘗試協助他們從不同角度理解自己所面對的世界。對於一些已出現傷害自己念頭的人來說，其實我們很難一下子要他們全盤否定自己的世界觀，因為那往往是與其過去的經歷緊密交織而成的結果。我們的工作，不是要推翻他們對世界的理解，而是在陪伴的過程中，讓他們在「一念之間」逐漸看見世界原來還有其他可能性。當他們發現除了眼前的絕望之外，仍有值得期待的方向，這種希望的種子便有機會發芽，帶領他們走出陰霾。

Shirley：我也認同是「希望感」，而能夠帶出希望的是人與人之間的連結。我留意到當事人從絕望到懷有希望之間，總會經歷一種「很久未有人能明白我」的感受。而在輔導的過程中不斷地被明白，尤其是痛苦能夠被明白而不會被批判，當事人就能慢慢產生與人的連結，重燃對人的希望。亦如 Jasmin 所言，我們由心地關懷當事人，剛好輔導室提供一個重燃一念希望感的地方，讓雙方在安全的環境中被關心，重新建立女與人的連結和希望。

Louis：我認為能把一個極度絕望的人拉回來的「一念」，是重新感受到「自己值得被理解與接納」。人在絕望的邊緣，心裏總會浮現「我不值得被愛」或「沒有人會明白我」的感覺。然而，只要在那個關鍵的時刻，有一個人願意耐心聆聽，真誠而溫柔地告訴他：「**你的痛苦我看見了，你的感受我能理解。**」這份真實的接納，便可能成為一條重新連結生命的橋樑。當對方明白原來自己的存在與感受被人看見、被人接納，這一念之間，便能重新點燃新的希望。

2. 除了專業知識以外，當你感到有個案有自殺念頭，你的心情是？

（Isaac：余鎮洋；Helen：郭倩衡；Jasmin：方婷；Shirley：黃家盈；Louis：黃麒錄）

Isaac：其實每當我聽到個案表達有自傷或自殺的念頭，內心都會有兩種強烈的情緒反應。首先是心痛。我會不禁思考，究竟是經歷了怎樣的痛苦，才會讓一個人如此萬人念俱灰，甚至萌生想要結束生命的念頭。這份心痛不單是對他們經歷的同理，也是對人性脆弱處的深刻觸動。第二種感受是擔心，即使我們有一套清晰的風險評估機制和應對指引，能夠因應不同程度的危機提供適切介入，但當個案離開我的眼前、離開我們的接觸時，我仍然會不時擔心他們的人身安全。尤其當社會上出現有關自殺的新聞時，我總會不自覺地聯想到自己正在跟進的個案，內心難免一緊，擔心他們是否也正處於危機邊緣。這些情緒提醒我，即使作為輔導心理學家，我們也是有情感的人，同時也強化了我對每一位個案的尊重與珍惜，提醒自己要持續以謹慎和真誠的態度去面對每一段生命故事。

Helen：專業上，我會十分緊張，立即啟動「心理學家」模式，仔細探問和評估，分析當事人的自殺風險，擔心自己有沒有地方遺漏，回想最初的保密原則，到底去到一個怎麼樣的危險程度才報警或通知其緊急聯絡人云云。其次是感慨，讓我不禁反思這個世代、這個社會，其實發生了甚麼事，有些病人很努力生存，但卻有人些身體健全的人想放棄生命。但整體而言，我會提醒自己要**保持一顆平靜和冷靜的心**，因為也許有很多人也有過自殺的念頭，可能是因為生活壓力、財政壓力和感情問題，他們不一定有仔細計劃或行動，所以我更要冷靜地了解他們有這念頭背後的感受。我不會問他們「為甚麼？」，而是會誠懇地問他們「你經歷了些甚麼？」

Jasmin：我都……講真都會驚。科學研究告訴我們，當發現身邊有人可能有自殺傾向，是應該直接去問，但係點問先「唔會刺激到對方」？其實都是從經驗中摸索。心理學家首先是一個有血有肉的人，然後才是我們的專業。所以當另一個人在你面前，表示對生命感到蒼白無力，我通常第一個心情或者是想法是驚訝地想：做咩咁傻？！但專業知識又讓我了解到「未經他人苦，莫勸他人善」的道理。每個人的感覺都是真實的，也不由得別人去否定，所以我們**要慢慢來，先接住對方的情緒**，讓當事人感到安全，再找方法去解除危機。其實我做case超過12年，到現在都依然會覺得要重視每個傷害自己的念頭。

Shirley：我第一個心情是「唔好啦」，我很清楚自己「不中立」的立場，因為我不希望任何一位當事人放棄自己的生命，同時又很清楚，我不能第一時間就叫當事人「不要自殺」，需要不受個人立場干擾、不帶批評地聆聽。越深入了解當事人的痛苦時，就會為他們感到心痛……要承受着那些經歷和苦楚，難怪他們對人生絕望。那份明白，會成為我的動力，去陪伴他們走出陰霾。然而當每一次當事人告訴我，他們的自殺念頭或行動時，我很自然會感到害怕和擔心他們下一次會就會出事。與每一位有自殺念頭的當事人輔導，心情都像過山車一樣，這也是助人者的不容易。然而，能夠與他們走過一段路，甚至能陪伴他們找到希望，鬆一口氣之餘，也會感恩自己有這個能力去陪伴他人。

Louis：坦白說，每當我意識到個案有強烈的自殺念頭時，我內心第一個時間都會是緊張，甚至感到一種無力感湧上心頭。作為一名輔導心理學家，雖然受過充分的專業訓練，但面對一個生命處於危機中的個案時，我依然會本能地擔心和出現內心的掙扎：「萬一我說錯話，會不會讓他更難受？」「我真的有能力陪伴他走過這個難關嗎？」這些複雜的情緒每次都提醒着我，輔導工作不只是提供專業支援，更是一種生命與生命之間真實而誠懇的連結。不過，隨着經驗累積，我也漸漸學會將這份內心的掙扎和焦慮視為一個提醒：提醒我要更加專注、更加敏銳地去聆聽和理解個案內心真正需求。我會深呼吸一口氣，慢慢調整自己，耐心陪伴對方，和他一起探索那些深藏的痛楚與無助，嘗試慢慢地找回一點希望的光。每當我陪伴個案從崩潰邊緣一步步走回穩定，看見他們重新拾回活着的力量，內心那份感動與欣慰，讓我再次確信：**在最黑暗的時刻，能有人同行，就是轉變的開始。**

3. 成為心理學家之前和之後，你對於自殺這個議題有甚麼不同想法？

(Louis：黃麒錄；Isaac：余鎮洋；Shirley：黃家盈 ；Jasmin：方婷；Helen：郭倩衡)

Louis：我對「自殺」的第一個印象，其實來自童年。有家中長輩曾經語重心長地對我說：「唔好自殺啊，靈魂會永遠困喺死咗嘅地方出唔到去，不斷重複自殺嗰一刻，好辛苦。」那時我年紀很小，對生死毫無概念，卻從此對自殺產生一種深層的恐懼，覺得那是一件「不可提」、「不可做」的事。在成為心理學家之前，我也曾以為自殺離自己很遠。直到讀大學時，有一位朋友患有躁鬱症，情緒常常大起大落。我曾陪伴她走過一段低谷，當我和她家人以為她情況正在好轉，卻在某天她獨自在家時結束了自己的生命。那一刻，我內心是震驚、痛心、甚至自責的……「我是不是錯過了甚麼訊號？是不是可以做得更多？」這段經歷讓我第一次真切地意識到，原來自殺的風險並不遙遠，也不是只有「某些人才會有」的想法。成為心理學家後，我慢慢學會用更溫柔而不批判的態度去看待自殺議題。很多時候，自殺並不是「放棄生命」，而是「找不到出路」。我也明白，我們無法立即改變一個人的選擇，但可以成為那個陪伴他看見另一條路的人，甚至是那個讓他開始相信「**原來我也值得被聽見**」的人。這，就是我選擇繼續走在這條路上的原因。

Isaac：在成為輔導心理學家之前，我對自殺這個議題的想像其實很有限，甚至有點天真地以為這些情況離我很

一念間

遠，覺得自己身邊的人應該不會有這樣的想法。但當我真正走進這個行業，接觸過更多個案和科學數據後才明白，原來在每五、六個人當中，就可能有一人曾經歷過傷害自己或出現自殺念頭，這個比例，遠比我原先想像的高得多。這個落差讓我深深反思，可能和我們華人文化中的某些特質有關。很多人在成長過程中習慣了壓抑自己的感受，總覺得説出來會「麻煩到人」，或是怕被人覺得「太情緒化」。久而久之，很多情緒只好自己一個人默默承受。甚至我相信有些人曾經鼓起勇氣分享，但換來的卻是冷淡、不理解，甚至被否定，那種被拒絕的經驗反而令他們更難再開口。所以我越來越覺得，除了要有更完善的制度與服務，我們整個社會也**需要更溫柔的空間，讓人可以放心表達自己的情緒，而不會被貼上標籤**。我們也要學習如何去聆聽，怎樣去接住那些沉重的話。因為有時候，在一個人覺得萬念俱灰、看不到出路的時候，能有一個人願意真心地陪他看這個世界另一面，可能就已經是一念之間的轉捩點。

Shirley：在成為心理學家之前，身邊未有聽聞過有人自殺，最多在新聞上有看到報導。雖然中學時期偶有聽聞有同學會𠝹手，因為不熟悉他們，也不知道他們經歷的事，只在表面見到他們也有上課，甚至有些有𠝹手的同學會自豪地説不痛，我覺得他們更像貪玩，不明白他們為何要這樣做，更不會知道他們背後可能經歷着不為人知的痛苦。在初初學習輔導的路上，接觸到自殺風險評估，起初練習去問當事人有否自傷或自殺念頭時，總會覺得尷尬，擔心大家未有足夠信任把説話攤開來講。隨着對自殺這個課題有更深入的理解，明白到即使大部分人有想過「死」，但要講出自己有自殺念頭，也會怕被人批判，擔心對方對自己有負面想法。現在即使第一次問及當事人自殺的想法，第一時間都會給予肯定，讓對方知道，人在痛苦時，想死也是很常現的情況，讓他們**放心不會被批判的眼光看待**。現在更接受痛苦也是人生常見的經歷，即使想死也不意外，反而更希望可以讓當事人也知道，痛苦過後會有將來，可以堅持一段路，希望他們也可以迎向光明。

Jasmin：我記得中學讀女校，上 PE 堂條排球褲很短，有一次我不經意間見到有個同學大腿內側有鎅刀痕，當時我很震驚，我和她算得上是朋友，但並非好 close。當時 13 歲，都會知道鎅手、鎅自己是和「不開心」有關，但我又擔心，如果我去問她，會否令她尷尬，又顯得自己「好八」？作為當時青春期女性，我尤其擔心人際相處，最後我也沒有勇氣去關心她，這件事我一直記得。在成為心理學家之前，我家庭教育我自殺是很「錯」的、很「自私」的行為。在高中有段時期，我自尊感很低落，曾經有幻想過，如果我死了，到底有多少人會在乎？所以我很想在有生之年，做一些和別人不一樣的事，例如是藝術創作，這樣是我存在的依據。後來我讀心理學，知道人應該是未來導向，原來幸福感是可以「習得」的，所以對於自殺的想法，不應該只用「錯」和「自私」去批判，去否定自己的不快樂和無力感，而是深入想法當

中，看到內心需要，當人可以接納和回應自己內在感受，我們就會找到出路。

Helen：肯定有很大的分別！因為從前對自殺這課題充滿了迷思和無知，總的來説會認為自殺者逃避問題，而他們的家人也需要負上很大責任。但當了心理學家之後，訓練讓我知道了很多關於自殺者的迷思，其實對他們一點也不公平。再者，我會多從案主的角度入手，**了解他們對生命的看法和最真實的感受。**更重要的事，我會不斷增值自己，了解現今社會的狀況，由其是自殺年輕化的問題，真叫人十分心痛。

4. 在面對不同的個案，可能他們有非常強烈的情緒或者傷害自己的念頭，我們作為心理學家，也很難避免情緒完全不受影響，我們是怎樣自我照料的？

（Isaac：余鎮洋；Louis：黃麒錄；Shirley：黃家盈；Helen：郭倩衡；Jasmin：方婷）

Isaac：對我來説，在這份工作中獲得同儕支持是極其重要的。心理學家的工作性質有時頗為孤獨，當輔導室的門關上，就是我與個案一對一的時光。在這些深度對談中，個案的經歷往往沉重動人，確實會觸動我內心深處的情緒。幸運的是，我們行業有一項制度叫「同儕督導（Peer Supervision）」，這不單是一種專業討論的過程，更是一個讓情緒得到支持與疏理的平台。在這樣的督導小組中，我可以反思介入的方向，也能在人與人之間，重新獲得同行的力量。同時，參與這次寫作對我來説亦是一種自我照顧的方式。透過文字去整理這些與個案同行的歷程，不但幫助我消化當中的情感波動，也讓我以另一個角度重新理解這些經驗的意義，為我在這條助人之路上注入一份安靜而堅定的力量。

Louis：我也一直相信，心理學家的工作，是用心陪伴另一個人的情緒歷程，而這份「以心療心」的過程，也**需要有空間沉澱與照顧自己**。平日我會特別重視日常的覺察練習，無論是做靜觀呼吸，或寫反思日記，都是讓我在個案情緒裏「沉得住氣」的重要方式。有些個案的故事或會觸動我過去的記憶和感受，而我學會不急着「處理掉」這些情緒，而是和它們「共處一會兒」。和 Isaac 一樣，我很珍惜與同行分享與督導的時光。在同儕督導中，不只是專業的反思，更是一個讓情緒得到整理的空間。每次走出輔導室，知道自己也不是孤單地走在助人路上，便有了繼續前行的力量。

Shirley：在十多年的輔導工作中，我已經很習慣將輔導室裏的情緒起伏，「留在輔導室裏」。在整理個案筆記時，情緒和思緒也一併整理。縱然有時當事人會在輔導室以外有突發情況要即時處理，那一刻的我也會很緊張和擔心。正如 Isaac 所講，有同儕督導，在處理個案中得到支持，在壓力大的同時，有好的伙伴同行，也為我注入能量。平時我也會很注重獨處的時候，讓我好好整理心情，享受寧靜，有時寫下反思和反映自己的感受，為自己提供一個情緒的出口。這些也是我喜歡與人分享與情緒相處的方法。

Helen：老實說，真的很難和真的很倦，有時候更要提醒自己有關替代性創傷（Vicarious Traumatization）的處理，就是說當作為助人者太過投入，讓自己的情緒也被當事人所影響，甚至會出現一些創傷後壓力的反應。但可幸的是，在受訓的過程中也強調接受督導和自我照料的重要性。而有關死亡的課題，我也會利用自己的信仰作反思和禱告，也是作為支持自己工作的點點力量。

Jasmin：一定要保持自己身心社靈的健康，在輔導室我們竭盡所能去協助個案，但亦要懂得尊重每個人的想法。專業人士的專業包括照顧好自己，我們「**以心療心**」，自己個心都要健康。我堅持運動、學習和藝術創作，亦都會去禪修和打坐，基本上所有在我課堂上和學生分享的方法，我都經過實踐。有情緒便去面對它、接受它、處理它，再放下它。

5. 若果我們的讀者常常作為別人的「樹洞」，會聆聽別人的分享，承載別人的情緒，你認為他們可以如何關懷自己？

（Helen：郭倩衡；Jasmin：方婷；Isaac：余鎮洋；Louis：黃麒錄；Shirley：黃家盈）

Helen：都要學懂欣賞自己有這種平易近人的特質，獲得別人的信任實屬難得！但在過程中也要平衡自己的角色和需要，畢竟朋友的相處在於互相支持，你也要明白自己的限制。更重要的事，如果是關於生命安危的事情，朋友間有時真的沒這個能力去處理，所以要學懂找多一個幫手或專業支援，好讓他們能盡快得到適當的幫助。另一方面，如果真的發現自己有這個「天份」，也可以為自己增值一下，學多一點正確的心理健康或處理情緒資訊，能夠幫助別人的同時，也能好好了解自己作個人成長。

Jasmin：**先要承認自己也有感受，也有限制。**當然可以透過學習，比如上一些輔導技巧的課程，去提升自己疏導別人的專業性。要先照顧好自己的事，吃好、睡好、玩好，有空間才可協助別人。實在是太超越自己能承受的朋友分享，要學懂轉介和放手，不勉強是對自己的慈悲。

Isaac：我非常認同 Jasmin 的分享，能夠在他人低落時成為一份支持，確實是一件充滿意義的事，也往往會讓我們感受到自身的價值與力量。然而，當傾聽與陪伴漸漸影響到我們的情緒，甚至使我們感到疲憊時，我們也需要學習溫和而清晰地表達界限，可以向對方說「我明白你的處境，但我也需要一點空間整理自己的感受，不如我們下次再談吧。」要記得，朋友間的傾訴並不等同於心理輔導。我們無需為對方承擔過多的情緒，也無須覺得自己有「使命感」而強行介入或改變對方的處境。即使在專業的輔導關係中，真正的轉變也必須建立在當事人願意參與的前提下。因此，調整心態、懂得適時放下期待，明白「**陪伴本身就是一種深具力量的支持**」，正是對自己與對方的溫柔照顧。

Louis：我相信很多人都有當「樹洞」的經歷：總是默默聆聽、接住別人的情緒，甚至成為朋友口中的「最啱傾」的人。但也常有人私下對我說：「其實我自己都好攰，但又唔想拒絕對方。」這讓我想起一句話：**要承載別人的情緒，也需要有一個容器去承載自己**。正如 Isaac 所提，我們需要溫和而清晰地設立界線。當我們累了、煩了、感到情緒透支時，是否也能允許自己暫停一下，不再勉強自己繼續扮演「聆聽者」的角色？不是每段傾訴都需要我們負責解決，更不是別人的每個情緒我們都必須扛起來。我們也要記得，我們並不是「拯救者」。能夠陪伴，已經是非常珍貴的支持。因此，**適時轉介、設立界線、誠實面對自己的狀態**，其實不是推開對方，而是讓這段關係可以更健康、走得更遠。我相信，這正是我們每個願意傾聽的人，都值得學會的一種成熟自我照顧方式。

Shirley：能夠成為別人的「樹洞」，很多時他們都有着令人喜歡與他們分享的氛圍。要記得欣賞自己的親切、愛關心別人，是自己的特質之一，同時我也很認同伙伴們所講，照料別人的同時，也不忘要留意自己情緒需要，不需要在別人想分享的時候，就必定要成為別人的樹洞，自己有時也可以做分享的一方。假如當下想做聆聽者，而礙於限制，暫時做不到聆聽的角色，也可以告訴對方，自己想給予關心的意願，並建議一個大家都合適的傾訴時間。照顧別人時，同時也照顧到自己。

本書作者名單

內容統籌 .... 方婷

各章節作者名單：

第一章

關於一念間 .... 方婷

第二章

起死回生：個案分享

一、多重悲痛生不如死 .... 郭倩衡

二、不想成為邊緣人 .... 余鎮洋

三、我不是「怪物」.. 黃麒錄

四、我無法被愛嗎？ .... 方婷

五、移民的抉擇：絕處也可逢生 .... 郭倩衡

六、被遺忘的付出：誰來照顧照顧者 .... 余鎮洋

七、無聲的痛苦：15 歲男孩的獨白 .... 黃家盈

八、媽媽，看見我好嗎？ .... 黃麒錄

九、網絡詐騙後的身心崩潰 .... 方婷

十、誰能聽見我的害怕？ .... 黃家盈

第三章

從絕望到希望：心理分析 .... 方婷

後記

五位輔導心理學家看自殺

.... 方婷、黃麒錄、郭倩衡、黃家盈、余鎮洋

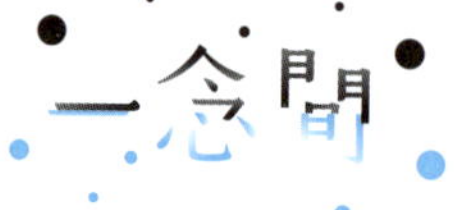

編著
方婷　黃麒錄　郭倩衡　黃家盈　余鎮洋
（香港心理學會 註冊輔導心理學家）

責任編輯
李穎宜

裝幀設計
Sands Design Workshop

排版
陳章力

出版者
萬里機構出版有限公司
香港北角英皇道 499 號北角工業大廈 20 樓
電話：2564 7511　　傳真：2565 5539
電郵：info@wanlibk.com
網址：http://www.wanlibk.com
http://www.facebook.com/wanlibk

發行者
香港聯合書刊物流有限公司
香港荃灣德士古道 220-248 號荃灣工業中心 16 樓
電話：2150 2100　　傳真：2407 3062
電郵：info@suplogistics.com.hk
網址：http://suplogistics.com.hk

承印者
美雅印刷製本有限公司
香港觀塘榮業街 6 號海濱工業大廈 4 樓 A 室

規格
32 開（213mm x 150mm）

出版日期
二〇二五年六月第一次印刷

ISBN 978-962-14-7629-6